复杂环境条件路堑爆破施工关键技术及工程应用研究

程 平 郭进平 等著

北 京
冶 金 工 业 出 版 社
2020

内容提要

本书主要内容包括复杂环境条件路堑开挖工程实践中爆破参数技术设计原则和选择思路，复杂环境条件路堑开挖爆破参数安全限定技术研究路线和计算方法，复杂环境条件路堑爆破开挖施工方案设计原则、风险评估和控制要点，以及成功实施的复杂环境条件路堑开挖爆破工程实例。

本书可供从事爆破、采矿等专业的工程技术人员阅读，也可供高等院校有关专业的师生参考。

图书在版编目(CIP)数据

复杂环境条件路堑爆破施工关键技术及工程应用研究/程平等著.—北京：冶金工业出版社，2020.8

ISBN 978-7-5024-5125-7

Ⅰ.①复… Ⅱ.①程… Ⅲ.①路堑—爆破施工—研究 Ⅳ.①U416.1

中国版本图书馆 CIP 数据核字(2020)第 150566 号

出 版 人 陈玉千

地　　址 北京市东城区嵩祝院北巷 39 号 邮编 100009 电话 (010)64027926

网　　址 www.cnmip.com.cn 电子信箱 yjcbs@cnmip.com.cn

责任编辑 高 娜 美术编辑 郑小利 版式设计 禹 蕊

责任校对 卿文春 责任印制 李玉山

ISBN 978-7-5024-5125-7

冶金工业出版社出版发行；各地新华书店经销；三河市双峰印刷装订有限公司印刷

2020 年 8 月第 1 版，2020 年 8 月第 1 次印刷

169mm×239mm；10.75 印张；208 千字；159 页

66.00 元

冶金工业出版社 投稿电话 (010)64027932 投稿信箱 tougao@cnmip.com.cn

冶金工业出版社营销中心 电话 (010)64044283 传真 (010)64027893

冶金工业出版社天猫旗舰店 yjgycbs.tmall.com

（本书如有印装质量问题，本社营销中心负责退换）

前　言

近年来，随着我国经济的发展，道路工程一直是国家基础设施建设的重要组成部分。高速铁路、高速公路在全国范围内全面建设，国道、省道改扩建工程遍及全国各地。建设沿线毗邻的文物古迹、居民点、各种架空浅埋线缆、临近交通水利隧道等建（构）筑物以及路堑改扩建面临的高陡边坡等复杂条件，成为道路建设的突出问题。因环境条件复杂导致爆破事故在道路施工中的案例时有发生，造成较大的经济损失和不良的社会影响。复杂环境条件爆破问题成为制约工程施工进度和质量的“瓶颈”。

复杂环境条件爆破问题主要表现为道路工程施工沿线爆破作业产生的爆破振动、飞石、空气冲击波、粉尘、噪声等有害效应，常常导致对路堑周边环境的危害。目前，在道路建设中缺乏关于复杂环境条件爆破作业对道路路堑工程影响的系统研究。因此，系统研究道路工程复杂环境条件下路堑爆破施工的影响，可以在施工中针对具体的环境复杂条件进行控制和预处理，保证复杂环境条件下路堑爆破施工的安全性，提高道路施工的可靠性和效率，减少周边环境的干扰，为复杂环境条件下路堑爆破施工提供必要的技术支持，对复杂环境条件下道路设计与施工的科学化、定量化，具有重要理论意义和实用价值。

本书作者近年来积极参与我国西部复杂环境条件下道路工程建设，先后参加了西藏拉萨—日喀则铁路、商—合—杭高速铁路、新疆乌鲁木齐市地铁 1 号线、新疆 S18 线阿勒泰—布尔津公路、黄渭线黄蒲高速公路、S225 平利—镇坪省道改扩建工程、G316 麒麟沟—旬阳公路改建工程等道路工程的建设，结合以上工程沿线复杂环境条件路堑爆破的设计和施工，对道路工程复杂环境条件爆破有害效应的影响和控制措施进行了系统研究。

本书第1~7章主要内容为复杂环境条件路堑开挖工程实践中爆破参数技术设计原则和选择思路，复杂环境条件路堑开挖爆破参数安全限定技术研究路线和计算方法。第8~9章根据施工组织经验，进行了复杂环境条件路堑爆破开挖施工方案设计原则、风险评估和控制要点的评述。第10~12章列举了根据第1~9章设计、施工原则和研究思路成功实施的复杂环境条件路堑开挖爆破工程实例。

本书第1~2章由程平、李角群和薛涛共同撰写，其余章节由程平、郭进平和孙锋刚撰写完成。

本书涉及的研究工作得到了中铁设计第一研究院、拉日铁路指挥部、中铁五局集团第一工程有限责任公司、中铁十三局集团有限公司、中国建筑第五工程局有限公司、中铁二十局黄埔高速指挥部、中铁建大桥局第三工程有限公司、陕西安康交通局、陕西安康公路局等单位的热情帮助和大力支持，在此特表感谢。

本书旨在与业内广大同行交流作者们关于复杂环境条件路堑爆破开挖施工实践经验，希望能在复杂环境条件路堑爆破开挖方面，为施工单位技术人员、该领域研究人员以及有关师生提供有益的帮助和借鉴。

由于作者水平所限，书中不足之处，恳请广大读者批评指正。

作 者

2020年5月于西安

目　　录

1 绪　论

1.1 概念

1.1.1 复杂环境爆破分级

根据国标《爆破安全规程》（GB 6722—2014），爆破工程按工程类别、一次爆破总药量、爆破环境复杂程度和爆破物特征，分 A、B、C、D 四个级别，实行分级管理。爆破工程分级列于表 1.1。

表 1.1　爆破工程分级

作业范围	分级计量标准	单位	级别			
			A	B	C	D
岩石爆破①	一次爆破总药量 Q	t	$Q\geqslant 200$	$50\leqslant Q<200$	$10\leqslant Q<50$	$1\leqslant Q<10$
拆除爆破	高度 H②	m	$H\geqslant 70$	$40\leqslant H<70$	$15\leqslant H<40$	$H<15$
	一次爆破总药量 Q③	t	$Q\geqslant 2.0$	$1.0\leqslant Q<2.0$	$0.1\leqslant Q<1.0$	$Q<0.1$
特种爆破	单张复合板使用药量 Q	t	$Q\geqslant 0.6$	$0.3\leqslant Q<0.6$	$Q<0.3$	

①表中药量对应的级别指露天深孔爆破；露天硐室爆破相应级别对应的总药量应增大至 5 倍；地下深孔爆破相应级别对应的总药量应减半；地下硐室爆破相应级别对应的总药量应增大至 2 倍；复杂环境深孔爆破相应级别对应的总药量应减至 1/4；水下爆破相应级别对应的总药量应减至 1/20。

②表中高度对应的级别指楼房、厂房的拆除爆破；烟囱拆除爆破相应级别对应的高度应增大至 2 倍；水塔及冷却塔拆除爆破相应级别对应的高度应增大至 1.5 倍。

③拆除爆破按一次爆破总药量进行分级的工程类别包括桥梁、支撑、基础、地坪、单体结构等；城镇浅孔爆破也按此标准分级；围堰拆除爆破相应级别对应的总药量应增大至 20 倍。

其中，B、C、D 级岩石爆破工程，遇下列情况应相应提高一个管理级别，小于 D 级下线药量的按 D 级管理：

——距爆区 1000m 范围内有国家一、二级文物或特别重要的建（构）筑物、设施；

——距爆区 500m 范围内有国家三级文物、风景名胜区、重要的建（构）筑物、设施；

——距爆区 300m 范围内有省级文物、医院、学校、居民楼、办公楼等重要保护对象。

1.1.2 路堑爆破

1.1.2.1 概念

路堑是通过开挖天然地面做成的路基，其主要作用为缓和道路纵坡或越岭线穿越岭口控制标高。路堑按照开挖断面可分为全路堑、半路堑，如图 1.1 和图 1.2 所示。

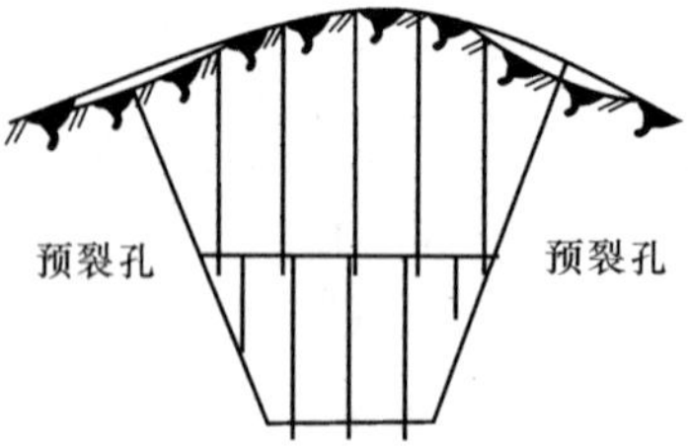

图 1.1　全路堑分层开挖

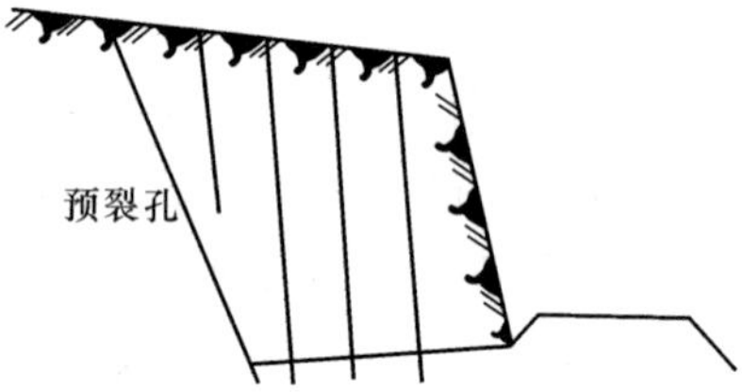

图 1.2　半路堑开挖

1.1.2.2 爆破要求

施工过程中对爆破效果的要求为：

（1）路堑边坡处于地壳表层，开挖暴露后，受各种条件与自然因素的作用，容易发生变形和破坏，要求路堑爆破后的边坡、标高应符合设计要求，路堑边坡平整、稳定。

（2）根据路基设计填挖平衡的原则，一般地，路堑爆破后的石料均需用作于路基的填料和路基边坡浆砌石挡墙，都对爆后岩石块度粒径有要求。

（3）道路征地范围外两侧居民点、历史文物等重要建（构）筑物，电力、通信架空或浅埋线缆，路堑边坡自身稳定性和原有临近或利旧道路，都要求路堑爆破振动、空气冲击波和噪声控制在允许范围之内，并且杜绝飞石。

1.2 当前复杂环境条件路堑爆破存在的问题及研究现状

随着我国国民经济和社会的发展，越来越多的道路工程将穿越复杂环境条件的地段。但现阶段关于复杂环境条件道路工程路堑爆破的系统研究工作较少，这使得复杂环境条件地段的道路工程路堑爆破施工处于盲目施工状况，复杂环境条件路堑爆破问题成为制约道路工程建设进度和质量的“瓶颈”。本节就复杂环境条件地段的道路工程路堑爆破施工中存在的问题和研究现状作以简单的回顾和论述。

1.2.1 复杂环境条件路堑爆破存在的问题

1.2.1.1 危害

复杂环境条件下路堑爆破存在的问题是道路工程建设的突出问题，其危害大，教训深刻。多年来我国铁路、公路建设中均遇到复杂环境条件下路堑爆破有害效应引发的沿线居民点、历史文物等重要建（构）筑物，电力、通信架空或浅埋线缆，路堑边坡，临近或利旧道路的破坏、失稳等问题，造成直接和间接的公、私财产损失，各类纠纷，严重影响施工工期，增加工程费用，对道路工程建设造成极大影响。

应该特别指出的是，尽管我国道路工程建设拥有多年的历史，积累了大量的工程实践，总结了许多施工沿线路堑爆破的经验教训，但由于体制及管理方面的原因，未能全面总结提高，形成系统的理论和方法，从而导致同类事故多次重复发生。因此，抓住目前国内道路工程大量建设方兴未艾的有利时机，积极开展复杂环境条件道路工程路堑爆破施工问题的研究，改进施工措施，进行爆破施工技术和安全措施的研究并加以应用，确保施工工期和施工安全，是爆破工作者的重要任务。

在复杂环境条件段的道路修建，除存在与非复杂环境条件区域共同的工程地质问题外，还有其特殊的问题。这些问题的产生，均与路堑爆破施工区域周边建（构）筑物的重要程度、结构和距离密切相关，归纳起来主要是爆破振动、飞石和空气冲击波等方面的危害。

（1）爆破振动是工程爆破作业无法消除的效应之一。社会经济的迅速蓬勃发展，致使工程爆破的环境条件更加复杂，加之公民安全和维权意识的大幅提高，对爆破振动安全控制提出了更高的要求。国内外大量研究表明，与其他有害效应相比，爆破振动造成建（构）筑物实际损坏占97%以上。

（2）爆破飞石是爆破工程中最为严重的事故因素之一。统计资料表明，由于爆破飞石而造成的人员伤亡、厂房住宅毁坏、设备破坏等爆破事故，在我国已上升到占整个爆破事故的1/5。在国外，如日本，其事故率已高达30%左右。

（3）炸药爆炸时，无论介质是空气还是岩石，都将有空气冲击波从爆炸中心传播开来。炸药爆炸膨胀能对空气做功形成空气冲击波，传播过程中能量衰减以声速传播时，产生爆破噪声。由于冲击波具有较高的动压和波速，会对爆破区域一定范围内建（构）筑物造成破坏。

因此，复杂环境条件下路堑爆破施工必须面对三大爆破危害控制问题，即复杂环境条件爆破振动安全判据及标准问题、复杂环境条件爆破飞石安全距离问题和复杂环境条件空气冲击波超压和冲量关于不同距离对建构筑物危害程度问题。复杂环境条件下这三大问题均随建（构）筑物重要程度、结构稳定和位置方向而需要不同的爆破技术设计和施工组织方案，本书主要就基于复杂环境条件爆破危害效应控制的爆破技术设计和施工组织方案等方面问题进行研究。

1.2.1.2 存在问题

当前，复杂环境条件下路堑爆破施工主要存在如下两个方面的问题：

（1）不同行业和层次的地质勘查规范都会对特殊工程的勘察提出一些具体的规定，在复杂环境路堑爆破施工中，环境条件作为主要的施工影响因素，但至今尚未有规范性或指南性文件，所以导致道路路堑爆破的施工往往是盲目性的。主要表现为：

1）复杂环境条件路堑爆破施工至今仍沿用一般的路堑爆破施工方法，尚无针对性的爆破施工技术和安全措施。

2）复杂环境条件路堑爆破的施工往往是在被动情况下进行的。对影响路堑爆破的周边复杂环境条件的查勘、预报、防范和处置无可供施工应对的规范。

3）对复杂环境条件路堑爆破施工的有关问题现场研究不足，技术资料积累体制及管理不尽完善，因此，尽管类似工程建设经验和教训很多，但施工技术至今未能有实质性的改善和提高，未能形成系统的理论和方法，同类失误多次重复出现。

（2）对不同的复杂环境条件路堑爆破施工爆破破裂范围控制、危险区域爆破性分级、安全判据与标准的影响研究不足，施工中爆破技术设计、施工组织和安全技术措施无针对性。

1.2.2 复杂环境条件路堑爆破问题的研究现状

对于复杂环境条件路堑爆破工程问题，当前的研究和探讨主要集中在以下几个方面。

（1）预裂爆破。为提高最终边坡和周边建（构）筑物的安全稳定性，国外发展并普遍采用了超钻预裂爆破技术。如图1.3所示，使用超过至少1个分层高度的预裂爆破，产生不小于2cm宽度的裂缝，拦截爆炸应力波，减轻爆破振动，对预留岩体和相邻山体建（构）筑物进行保护。

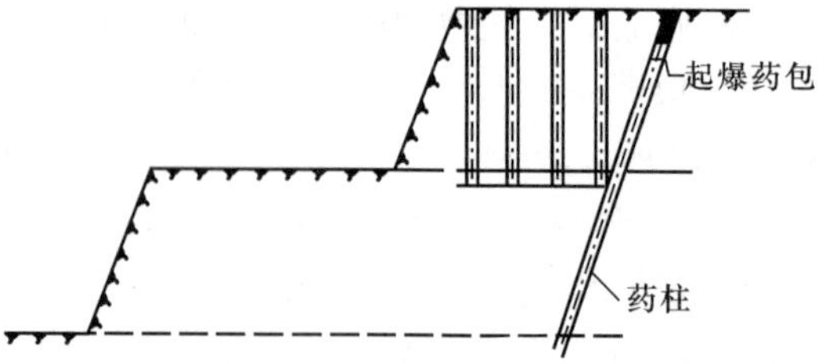

图1.3 超钻预裂爆破

（2）频谱控制。振动持续时间对建（构）筑物受震破坏的影响作用一直受到人们的重视。近年来又有几种观点值得重视，它们分别是：采用反应谱曲线积分值（RSI）来评估爆破振动破坏效应；通过将爆破振动信号时能密度的积分值（TEDI）作为评估爆破振动效应强弱的定量指标；根据爆破地震信号不同频带能量分布特征，确定爆破地震对建（构）筑物的影响。

（3）炸药品种选择。为降低爆破振动影响，在爆破规模较大或单响药量较大时，选用特制的低爆速、低威力的炸药。

（4）装药结构。在炮孔底部使用柔性材料缓冲层或者空气间隔器，可大大减小爆破峰值压力，减弱爆破振动。

（5）爆破防护。爆破防护的主要研究方向是采取加强覆盖、加长堵塞等措施控制飞石。

（6）爆破振动判据和标准。我国目前均采用峰值质点振动速度 v 作为爆破振动安全控制指标，但许多设备、重要的建（构）筑物等均以峰值质点振动加速度 a 作为抗振安全控制指标；加之爆破振动是随机波，简单的应用谐波理论将 v 微分后换算成加速度是不科学的，因而这种脱节就显得尤为重要。近年来人们已经注意到这个问题，并在重要设施附近爆破时监测爆破振动加速度和速度，两者对比，提出合适的控制标准，特别是对核电站及系统，最新修订的《爆破安全规程》已对其爆破振动控制指标增加了加速度，即实施双控。

（7）光面爆破。为减少爆破对路堑边帮的破坏，降低后期边坡维护费用，目前国外研究和应用了沿炮孔轴向和孔底径向刻槽光面爆破新技术，刻槽孔如图 1.4 所示。

图 1.4 刻槽孔

以上几个方面的研究是相互联系、互相促进的，其中爆破振动监测是研究基础。在现场爆破地震波传播规律的基础上分析爆破振动在复杂环境影响范围内的分布及影响，以此为安全判据和标准指导路堑爆破施工，减少施工盲目性，保证施工安全、经济。

1.3 本书的研究内容

道路交通工程建设，不可避免地会遇到复杂环境条件下的路堑爆破施工问题。复杂环境条件给道路工程的设计和施工带来了很大的困难。尽管国内外积累了很多复杂环境条件路堑爆破施工的经验，但目前无论从设计分析理论研究上，还是工程实践中都存在较多问题和不足，有待进一步发展和完善，尤其是随着我国近年来交通基础设施建设的迅猛发展，必然会遇到复杂环境条件下道路设计和施工的问题，因此对复杂环境条件对道路施工的影响进行研究，对复杂环境条件路堑爆破技术设计、施工组织的工作特性进行研究和探讨，已成为目前工程界亟需解决的重要问题之一。为此，本书在深入现场调查和现场监测的基础上，参考大量国内外文献资料，结合工程实践和复杂环境条件路堑爆破设计、施工中存在的问题，进行如下几方面研究。

（1）路堑爆破振动对建设沿线民房和各种建（构）筑物的有害影响，其中包括：

1）爆破振动频率与建（构）筑物的固有自振频率的相互作用损伤破坏的影响关系研究。

2）爆破振动持续作用时间对建（构）筑物损伤破坏的影响研究。

3）建（构）筑物的结构强度在爆破振动作用下的动力学响应分析研究。

4）建（构）筑物的振动破坏特征、破坏机理和评判标准研究。

（2）基于复杂环境条件下道路工程路堑爆破设计和施工方案设计必须要考虑问题，研究其安全阈值和对策措施，主要包括：

1）爆破破坏、影响范围。

2）破碎块体的抛掷距离与堆积范围。

3）爆破地震波、空气冲击波、噪声和破碎物飞散等的危害控制技术。

4）不同复杂环境条件对路堑爆破方案中的风险评估。

5）多学科基础的定量化的爆破设计研究，优化爆破方案和参数，实现爆破效果及效应的可预见。

（3）采取现场测试和试验方法，对爆区岩体结构面分布、炸药爆炸作用破裂区域划分、岩体动力学特性进行研究分析，得出岩体的爆破性分级规律。其中包括：

1）岩体超声波实验室和现场测试，探测爆破区域岩体结构完整性。

2）爆破振动现场监测；而依据工程对象的爆破振动速度安全指标，计算和设计最大共同作用装药量则是复杂条件公路路基边坡工程中微振动爆破技术的重要环节。

3）应用地质雷达进行爆破区域地层探测，得出爆破应力波在区域传播规律，限定爆破损伤带。

4）爆炸应力波传播测试，通过爆炸应力、应变值精确划分被爆岩体内各敏感程度区域。

5）单孔和群孔（三孔贯通）爆破漏斗试验。

2 复杂环境条件路堑爆破振动的影响

爆破振动是工程爆破主要的有害效应，我国的科研工作者对爆破振动传播规律、主要影响因素、工程施工中的控制技术、观测方法和手段、建（构）筑物受振的动力响应计算、安全评定标准等进行了大量的科学研究和经验总结。但是，随着我国经济和社会的快速发展，工程爆破面临越来越复杂的环境条件，对爆破振动安全控制提出了更高的要求。

复杂环境条件路堑爆破施工过程中，评定爆破地震效应对结构物的影响，应从地面运动的幅值、频率谱、持续时间以及结构物的自振特性和材料强度等几个方向考虑，才可能较正确地评价爆破地震效应对结构物的作用，也为后面提出爆破振动控制措施提供依据。所以本章就质点振动频率、持续作用时间等因素讨论对临近建（构）筑物的影响。

2.1 爆破振动频率对建（构）筑物的影响

2.1.1 固有振动频率的影响

建（构）筑物结构对爆破地震波主频率的响应特征是建（构）筑物的高度（地面以上部分）对爆破质点振动速度具有一定的放大作用（水平方向），但爆破地震波主频率对这种放大作用有较大影响，主频率越低，则质点振动速度的放大率就越高。如主频率低到接近或等于多层建筑的自振频率，则有可能发生共振现象，对1~2层结构的民房来说其固有频率为4~12Hz，如果爆破地震波主频率在这个范围内，将导致建（构）筑物遭受严重破坏。

频率随距离的变化曲线大体呈负指数变化，由于大地系统的滤高频作用，因此会出现高频频率快速下降；由于爆破振动波的低频频率接近岩石介质的固有频率，因此会出现远区低频频率平缓下降。国内对一建筑物固有振动频率实测资料见表2.1。

表2.1 国内对一些建筑物固有振动频率实测资料

建筑物结构形式	固有频率 f/Hz
2~6层砖木、砖石结构房屋	3.0~9.0
7层及以上砖结构房屋	2.0~3.0
11层以下框架结构房屋	0.9~2.5

续表 2.1

建筑物结构形式	固有频率 f/Hz
一般轻型单层工业厂房	2.1~6.5
内框架外砖墙房屋	2.0~7.0
土墙（土坯、夯土）房屋	3.5~7.5
空心砖结构房屋	3.5~10.0

砌体房屋的自振周期一般小于0.3s，即基频为3~10Hz。按等截面剪切悬臂梁推导，并根据实测结果，推荐砌体房屋自振周期与高度的经验公式：

$$T = 0.0168(H_0 + 1.2)$$

式中 T——基本周期，s；

H_0——房屋的计算高度，m。

砌体房屋在遭到爆破振动破坏后，自振周期有明显的增长，破坏程度越严重，周期增长得越多。统计资料表明，砌体房屋在出现裂缝后的周期比原结构增长20%~60%。

2.1.2 振动阻尼的影响

影响砌体房屋阻尼比的因素是多方面的，如房屋的结构类型、建筑材料、施工质量、地基土质等，但主要与墙体的面积比有关。砌体房屋的阻尼比一般经实测确定，也可按经验公式确定：

$$\varepsilon = 0.008 + 0.55A/F$$

式中 ε——阻尼比；

A——各层横墙（或纵墙）净截面积之和，m^2；

F——房屋各层面积之和，m^2。

通过观测爆破振动波作用下民房破坏特征，认为墙角和墙面裂缝是建筑物受挤压和弯曲而产生剪切力作用的结果，砌体结构抗剪强度低，在水平爆破振动作用下，砌体房屋较易破坏，房屋非结构构件比结构构件更容易倾倒和损坏。

实验表明，对于一栋建筑物的东西方向的响应与南北方向不同，这是因为它们有不同的结构强度。水平放大效应与有效的振动阻尼（10pct或更大）相对应。

2.1.3 地基基础的影响

经现场调查，引起建（构）筑物爆破振动破坏的因素多数是地基基础的振动变形和位移。爆破地震波作用下，考虑地基与上部框架结构协同工作时，结构底层层间位移比其他各层层间位移要大很多，因此，复杂环境条件路堑爆破施工还应考虑不同地基类型的质点振动速度。瑞典的执行标准如表2.2所示。

表 2.2 瑞典的执行标准

地基基础类型	允许最大质点振动速度/$cm \cdot s^{-1}$
松散冰碛、砂、卵石、黏土层	≤1.8
紧密冰碛层、砂岩、软弱灰岩	≤3.5
花岗岩、片麻岩、石灰岩、石英砂岩	≤7.0

场地条件的好坏直接影响建（构）筑物的稳固程度，爆破场地介质愈坚硬，振动幅值相对较低，基频较高、持时较小。而场地介质愈松软，振动幅值和高频振动成分衰减愈快，基频降低也相对较快。介质不同，场地自振卓越周期也不同，在爆破振动作用下场地的受激振动将会叠加在爆破振动中，使相应频率振动成分的幅值增加。场地卓越周期对爆破振动的这种“调制”作用，在土层厚度及卓越周期变化较大的地段上，是导致振动幅值随距离反常变化的一大因素。如果建（构）筑物建在基岩上，须测出其硬度系数，掌握破碎程度及节理等；如果建（构）筑物建在回填土上，则地基要根据采取桩基础等特殊处理方式，以保证其在受到爆破振动时的稳固性。

2.1.4 频率与振动速度的影响

大量的现场试验和观测数据表明，爆破振动引起的建（构）筑物破坏程度与建（构）筑物地面质点垂直振动速度峰值及爆破振动频率相关性最好，因此我国和美国、德国、瑞典等大多数国家一样，采用地面质点垂直振动速度峰值和频率作为衡量爆破振动效应的标准。

我国《爆破安全规程》（GB 6722—2014）规定：

（1）评估爆破对不同类型建（构）筑物、设施设备和其他保护对象的振动影响时，应采用不同的安全判据和允许标准。

（2）地面建（构）筑物、电站（厂）中心控制室设备、隧道与巷道、岩石高边坡和新浇大体积混凝土的爆破振动判据，采用保护对象所在地基础质点峰值振动速度和主振频率。

安全允许振速标准见表 2.3。

表 2.3 爆破振动安全允许振速标准

序号	保护对象类别	安全允许振速/$cm \cdot s^{-1}$		
		$f≤10Hz$	$10Hz<f≤50Hz$	$f>50Hz$
1	土窑洞、土坯房、毛石房屋	0.15~0.45	0.45~0.9	0.9~1.5
2	一般民用建筑物	1.5~2.0	2.0~2.5	2.5~3.0
3	工业和商业建筑物	2.5~3.5	3.5~4.5	4.2~5.0

续表 2.3

序号	保护对象类别		安全允许振速/cm·s^{-1}		
			$f\leqslant 10$Hz	10Hz<$f\leqslant 50$Hz	$f>50$Hz
4	一般古建筑与古迹		0.1~0.2	0.2~0.3	0.3~0.5
5	运行中的水电站及发电厂中心控制室设备		0.5~0.6	0.6~0.7	0.7~0.9
6	水工隧洞		7~8	8~10	10~15
7	交通隧道		10~12	12~15	15~20
8	矿山巷道		15~18	18~25	20~30
9	永久性岩石高边坡		5~9	8~12	10~15
10	新浇大体积混凝土（C20）	龄期：初凝~3d	1.5~2.0	2.0~2.5	2.5~3.0
		龄期：3~7d	3.0~4.0	4.0~5.0	5.0~7.0
		龄期：7~28d	7.0~8.0	8.0~10.0	10.0~12.0

注：1. 爆破振动监测应同时测定质点振动相互垂直的三个分量。
2. 表中质点振动速度为三个分量中的最大值，振动频率为主振频率。
3. 频率范围现场实测波形确定或按如下数据选取：硐室爆破$f<20$Hz；露天深孔爆破$f=10\sim60$Hz；露天浅孔爆破$f=40\sim100$Hz；地下深孔爆破$f=40\sim100$Hz；地下浅孔爆破$f=60\sim300$Hz。

德国爆破振动安全判据（BRD-DIN4150）将建筑物分为工业和商业建筑、民用建筑、重点保护建筑三种类型，综合考虑了爆破引起的最大质点振速和振动频率的影响，反映了不同频率的爆破振动对建筑物的影响，如图 2.1 和表 2.4 所示。

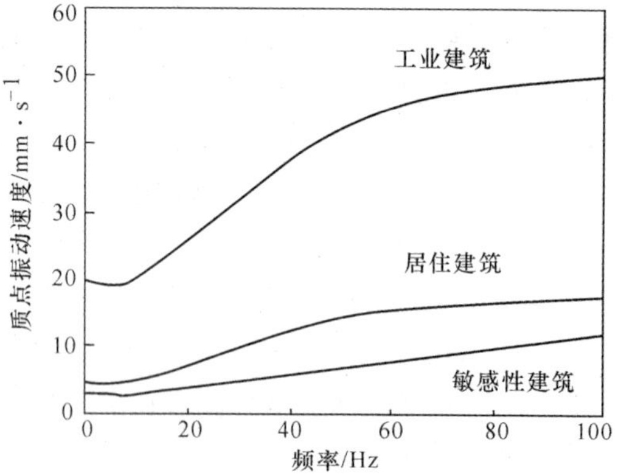

图 2.1　德国 DIN4150 标准

表 2.4　德国爆破振动安全判据

建筑物分类	频率范围/Hz	质点振动合速度/mm·s^{-1}
工业建筑及商业建筑	<10	20
	10~15	20~40
	50~100	40~50

续表 2.4

建筑物分类	频率范围/Hz	质点振动合速度/mm · s^{-1}
民用建筑	<10	5
	10~15	5~15
	50~100	15~20
重点保护建筑	<10	3
	10~15	3~8
	50~100	8~12

瑞士爆破振动安全判据将建筑物分为四类，主要考虑了 10~60Hz 和 60~90Hz 两个频率范围内的质点振动速度。安全判据见表 2.5。

表 2.5 瑞士爆破振动安全判据

建筑物分类	频率范围/Hz	质点振动合速度/mm · s^{-1}
钢结构、钢筋混凝土结构	10~60	30
	60~90	30~40
砖混结构	10~60	18
	60~90	18~25
砖石墙体、木阁楼	10~60	12
	60~90	12~18
历史性及敏感	10~60	8
	60~90	8~12

2.1.5 建筑物的结构

建筑物的结构在爆破振动情况下，对建筑物也有一定的影响，主要是指建筑物的跨度、高度，跨度大的建筑物和横梁易出现裂缝，高度高的建筑物其顶部所受的振动要比底部大。如某建筑物是两层楼房，第二层要比底部振速大，第三层（即楼顶）要比第二层大，其关系为：

$$v_1 = k \times v$$

$$k = H/H_1$$

式中 v_1——某高度处（或某层）建筑物的振速，cm/s；

v——建筑物地基处的振速，cm/s；

k——高度系数；

H——建筑物被测处的高度，m；

H_1——建筑物每层的高度，一般约为 3m。

对复杂环境条件路堑爆破施工进行设计时，要对建筑物进行结构振动强度的校核，以保证建筑物的安全。

2.1.6　距离的影响

频率随距离的变化曲线大体呈负指数变化。由于大地系统的滤高频作用，因此会出现高频频率快速下降；由于爆破振动波的低频频率接近岩石介质的固有频率，因此会出现远区低频频率平缓下降。

爆破振动波的低频部分导致建（构）筑物破坏，所以要注意频率随距离下降发生远区建（构）筑物破坏现象。

2.2　持续作用时间对建（构）筑物的影响

2.2.1　持续时间的危害

爆破振动持续时间的危害作用主要表现在结构反应进入非线性之后，振动能量大，持续时间长，在振动初期结构反应超过弹性阶段后出现局部破坏，后续振动使这些局部破坏进一步扩展，振动后期结构遭到严重损伤。如持续时间短，结构破坏过程尚未完成振动终止，则结构产生轻度损伤。由于振动时间的增加，结构反应一旦超过弹性极限后还可以引起强度丧失，主要表现为以下几点：

（1）对于线性体系，振动持续时间的增加将使地振动与结构反应出现较大值的概率明显提高。

（2）对于无退化的非线性体系，振动持续时间使出现较大永久变形的概率提高。

（3）振动持续时间长的地振动破坏能力大，振动持续时间短的地振动破坏能力小。

试验研究结束表明，弹塑性混凝土框架结构，爆破振动的频率不变，不同的爆破振动速度、加速度持续时间引起的结构动力响应曲线形式和响应最大值是相同的，即弹塑性混凝土框架结构爆破振动响应特征与持续时间无关。

2.2.2　损伤力学模型分析

构建连续损伤力学模型（CDM）有效应力为：

$$\tilde{\sigma} = \frac{\sigma}{1 - D}$$

式中　$\tilde{\sigma}$——有效应力；

σ——无损材料的应力；

D——损伤参量。

损伤演化方程为：

$$\dot{D}=\begin{cases}0 & r\leqslant r_D\\ \dfrac{Y}{S(1-D)}\dot{r} & r>r_D,\ \sigma_1>0\end{cases}$$

式中 r_D——损伤槛值；

S——正的材料常数，称应变量释放率，$S=\dfrac{\sigma_0}{200}$；

σ_0——初始屈服应力；

σ_1——最大主应力；

r——损伤累积塑性应变。

应变能量密度释放率为：

$$Y=\frac{\sigma_{vm}^2R_v}{2E(1-D)^2}$$

$$R_v=\frac{2}{3}(1+\nu)+3(1-2\nu)\left(\frac{\sigma_H}{\sigma_{vm}}\right)^2$$

式中 σ_{vm}——等效 vonmiss 应力；

E——弹性模量；

ν——泊松比；

σ_H——静水压力；

R_v——三维函数。

屈服准则为：

$$(\bar{\sigma}_{22}-\bar{\sigma}_{33})^2+(\bar{\sigma}_{33}-\bar{\sigma}_{11})^2+(\bar{\sigma}_{11}-\bar{\sigma}_{22})^2+6(\bar{\sigma}_{23}^2+\bar{\sigma}_{31}^2+\bar{\sigma}_{12}^2)=2\sigma_0^2$$

不考虑应变速率的影响，采用 ANSYS/LS-DYNA 中 MAT_DAMAGE_1 材料模型进行框架结构计算分析，可以得到图 2.2。

从图 2.2 可以看出，爆破振动持续时间或者次数对建（构）筑物结构的最大载荷是没有影响的，建（构）筑物结构的载荷取决于载荷峰值和频率，但有效塑性应变随振动持续时间的增加而增大。任何结构的破坏都是由于结构损伤并逐渐累积叠加到一定程度后引起的。在爆破振动载荷作用下，结构将产生不同程度的损伤，而这种损伤会随着载荷循环次数的增加不断地累积，最终导致结构破坏。

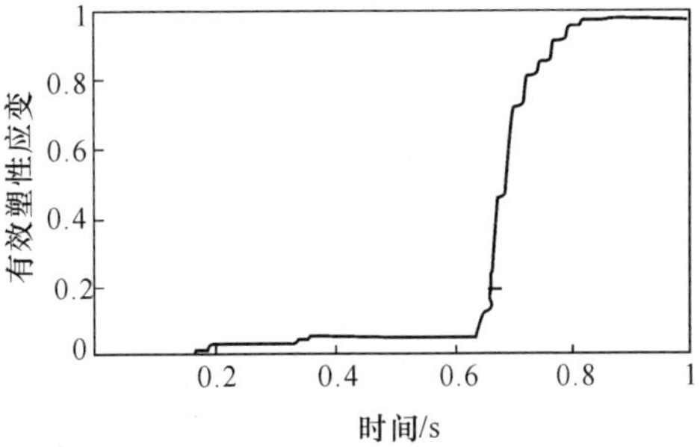

图 2.2 爆破振动建（构）筑物框架结构响应累计损伤

2.3　振动响应的动力学分析方法研究

根据第 2.1 节和 2.2 节的讨论可知，建筑结构对爆破振动的响应是一个非常复杂的机制，既与地震波的幅值、频率、衰减规律、持续时间有关，又与传播介质的阻尼、构造以及结构的自振频率有关。为了确定各种因素影响下结构振动响应的变化规律，找出能够评判结构响应的最优爆破振动参数，需从结构振动机制上进行研究。

爆破振动波使原来处于静止的结构受到动力作用而产生强迫振动。将振动时由于爆破振动地面加速度在结构上产生的惯性力，称为结构的振动作用。在振动作用下结构中产生的内力、变形和位移等称为结构的振动响应。

目前，在地震工程中应用比较成熟的反应谱理论，成为了分析结构体在不同动力条件下对爆破振动响应的一种重要手段。

2.3.1　单质点弹性体系反应谱法

采用加速度反应谱理论来确定地震作用：$F=a \cdot G$。所谓加速度反应谱，就是单质点弹性体系在一定的地面运动作用下，最大反应加速度与体系自振周期的关系。

最大反应加速度与体系自振周期的关系曲线如图 2.3 所示。

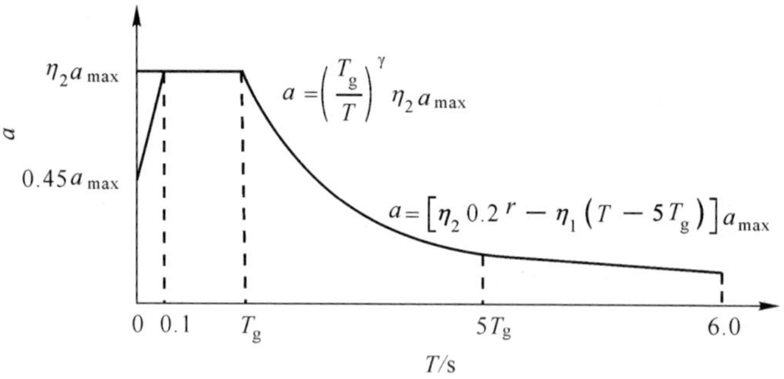

图 2.3　最大反应加速度与体系自振周期的关系

最大反应加速度与体系自振周期的关系式：

$$a=\begin{cases}(0.45+5.5T)a_{max} & 0\leqslant T\leqslant 0.1\\ \eta_2 a_{max} & 0.1\leqslant T\leqslant T_g\\ \left(\dfrac{T_g}{T}\right)^{\gamma}\eta_2 a_{max} & T_g\leqslant T\leqslant 5T_g\\ \left[\eta_2 0.2^{\gamma}-\eta_1(T-5T_g)\right]a_{max} & 5T_g\leqslant T\leqslant 6.0\end{cases}$$

式中　a——地震影响系数，即单质点弹性体系在地震时以重力加速度为单位的质点最大加速度反应；

a_{max}——地震最大影响系数，根据表 2.6 进行选择；

T——结构的自振周期，s；

T_g——特征周期，根据场地类别，设计地震分组，根据表 2.7 选择；

η_2——阻尼调整系数，按照下式进行计算：

$$\eta_2 = 1 + \frac{0.05 - \zeta}{0.06 + 1.7\zeta}$$

当计算结果 $\eta_2<0.55$ 时，取 $\eta_2=0.55$。

ζ——阻尼比，一般情况钢筋混凝土结构 $\zeta=0.05$，对钢结构 $\zeta=0.02$；

γ——曲线下降段衰减指数，按下式计算：

$$\gamma = 0.9 + \frac{0.05 - \zeta}{0.5 + 5\zeta}$$

η_1——直线下降段的下降斜率调整系数，按下式计算：

$$\eta_1 = 0.02 + \frac{0.05 - \zeta}{8}$$

当计算结果 $\eta_1<0$ 时，取 $\eta_1=0$。

表 2.6　水平地震影响系数最大值 a_{max}

地震影响	设防烈度			
	6 度	7 度	8 度	9 度
多遇地震	0.40	0.08（0.12）	0.16（0.24）	0.32
罕见地震	—	0.50（0.72）	0.90（1.20）	1.40

注：1. 括号中数值分别用于设计基本地震加速度为 0.15g 和 0.30g 的地区。
2. 此表是根据阻尼比 $\zeta=0.05$ 制定的。

表 2.7　特征周期 T_g

设计地震分组	场地类型			
	Ⅰ	Ⅱ	Ⅲ	Ⅳ
第一组	0.25	0.35	0.45	0.65
第二组	0.30	0.40	0.45	0.65
第三组	0.35	0.45	0.65	0.90

注：当计算 8 度、9 度罕遇地震作用时，特征周期应增加 0.05s。

2.3.2 多质点弹性体系反应谱法

振型分解反应谱法是将振型分解法和反应谱法结合起来的一种计算多自由度体系地震作用的方法。首先利用振型分解法，将多自由度体系分解成若干个单自由度体系的组合，然后引用单自由度体系的反应谱理论来计算各振型的地震作用，然后按照一定的方法将各振型的地震作用组合到一起，进而得到多自由度体系的地震作用。

多质点弹性体系在地震影响下，在质点 i 上所产生的地震作用等于质点 i 上的惯性力。

$$F_i(t) = -m_i[\ddot{y}_g(t) + \ddot{y}_i(t)]$$

式中 m_i——第 i 质点的质量；

$\ddot{y}_i(t)$——质点 i 的相对加速度。

根据振型分解原理：

$$\ddot{y}_i(t) = \sum_{j=1}^{n} \gamma_j \ddot{\Delta}_j(t) y_{ij}$$

$$\ddot{y}_g(t) = \ddot{y}_i(t) \sum_{j=1}^{n} \gamma_j y_{ij}$$

式中，γ_j 为第 j 振型的参与系数：

$$\gamma_j = \frac{\sum_{j=1}^{n} m_j y_{ij}}{\sum_{j=1}^{n} m_j y_{ij}^2}$$

根据主振型正交性可知：

$$\sum_{j=1}^{n} \gamma_j y_{ij} = 1$$

所以

$$F_i(t) = -m_i \sum_{j=1}^{n} \gamma_j y_{ij} [\ddot{y}_g(t) + \ddot{\Delta}_j(t)]$$

式中，$\ddot{y}_g(t)+\ddot{\Delta}_j(t)$ 为第 j 振型对应的振子（它的自振频率为 ω_j，阻尼比为 ζ_j）的绝对加速度。

在第 j 振型第 i 质点上的地震作用最大绝对值，可表达为：

$$F_{ij}(t) = m_i \gamma_j y_{ij} |\ddot{y}_g(t) + \ddot{\Delta}_j(t)|_{\max} = a_j \gamma_j y_{ij} G_i$$

$$(i = 1, 2, 3, \cdots, n;\ j = 1, 2, 3, \cdots, n)$$

即令

$$\frac{|\ddot{y}_g(t) + \ddot{\Delta}_j(t)|_{\max}}{g} = a_j$$

$$G_i = m_i g$$

式中 F_{ij}——第 j 振型第 i 质点的水平作用标准值；

y_{ij}——第 j 振型第 i 质点的水平相对位移；

G_i——集中于质点 i 的重力荷载代表值，取结构和构件自重标准值和可变荷载组合值之和，一般民用建筑取 0.5。

求得第 j 振型第 i 质点的水平作用标准值 F_{ij}，可按一般力学方法计算结构的地震作用效应 S_j（弯矩、剪力、轴向力、变形）。规范给出了根据随机振动理论得出的计算结构地震作用效应的“平方和开方”公式（SRSS 法），就可以求得总的地震效应，公式为：

$$S_{EK} = \sqrt{\sum S_j^2}$$

式中 S_{EK}——水平地震作用的标准效应；

S_j——第 j 振型水平地震作用的标准效应，可只取 2~3 个振型，当基本周期大于 1.5s 或者房屋高宽比大于 5 时，振型个数要适当增加。

2.3.3 水平位移

爆破振动引起地面水平运动用相对于固定参考系的结构基础位移 $u_g(t)$ 表示，建筑总位移为 $u_t(t)$、相对地面位移为 $u(t)$、质量为 m(kg)，建筑变形引起相对运动产生弹性恢复力和阻尼力，弹性恢复系数和阻尼系数分别用 k(10^3N/cm) 和 c(10^3N · s/m) 表示。

应用 D'Alemert 原理，得建筑物动力平衡方程：

$$F(t) + f_s(t) + f_D(t) = 0$$

假设研究系统为线性系统，则有：

$$\begin{cases} F(t) = m\ddot{u}_t(t) \\ f_s(t) = ku(t) \\ f_D(t) = c\dot{u}(t) \\ u_t(t) = u_g(t) + u(t) \end{cases}$$

式中 $F(t)$——建筑物运动产生的惯性力；

$f_s(t)$——建筑物相对运动产生的弹性恢复力；

$f_D(t)$——建筑物相对运动产生的阻尼力。

将前式代入，合并得：

$$m\ddot{u}(t) + c\dot{u}(t) + ku(t) = -m\ddot{u}_g(t)$$

将上式右端视为施加在建筑物上的爆破振动等效荷载，有：

$$\begin{aligned} & m\ddot{u}(t) + c\dot{u}(t) + ku(t) \\ & = -m\ddot{u}_g(t) \\ & = mK\left(\frac{\sqrt[3]{Q}}{R}\right)^{\alpha}\sin\theta e^{-\eta t}[2\pi\omega\cos(2\pi\omega t + \varphi_0) - \eta\sin(2\pi\omega t + \varphi_0)] \end{aligned}$$

令 $C = 2\pi\omega K\left(\frac{\sqrt[3]{Q}}{R}\right)^{\alpha}\sin\theta$；$D = -K\left(\frac{\sqrt[3]{Q}}{R}\right)^{\alpha}\sin\theta\eta$，则：$m\ddot{u}(t) + c\dot{u}(t) + ku(t) = Ce^{-\eta t}\cos(2\pi\omega t + \varphi_0) + D_e^{-\eta t}[-\eta\sin(2\pi\omega t + \varphi_0)]$

针对一般性二阶常微分方程，已无相应求解公式，因此采用积分变换的一种变换——拉氏（Laplace）变换求解上述二阶常微分方程。

对上式两端同时作关于变量 t 的拉氏变换有：

$$s^2\bar{u}(s)+As\bar{u}(s)+B\bar{u}(s)$$

$$=C\frac{s+\eta+\dfrac{\varphi_0}{2\pi\omega}}{\left(s+\eta+\dfrac{\varphi_0}{2\pi\omega}\right)+4\pi^2\omega^2}+D\frac{2\pi\omega}{\left(s+\eta+\dfrac{\varphi_0}{2\pi\omega}\right)+4\pi^2\omega^2}$$

解得：

$$\bar{u}(s)=\frac{1}{s^2+As+B}\left[C\frac{s+\eta+\dfrac{\varphi_0}{2\pi\omega}}{\left(s+\eta+\dfrac{\varphi_0}{2\pi\omega}\right)+4\pi^2\omega^2}+D\frac{2\pi\omega}{\left(s+\eta+\dfrac{\varphi_0}{2\pi\omega}\right)^2+4\pi^2\omega^2}\right]$$

其中，$\bar{u}(s)$ 为 $u(t)$ 关于变量 t 的拉氏变换，$L\ (u(t))=\bar{u}(s)$。

对上式作拉氏逆变换，得 $u(t)$：

$$u(t)=\frac{C}{\sqrt{B-A^2/4}}\mathrm{e}^{-t\left(\eta+\frac{\varphi_0}{2\pi\omega}\right)}\int_0^t\mathrm{e}^{\tau}\left(\eta+\frac{\varphi_0}{2\pi\omega}-\frac{A}{2}\right)\left[\cos2\pi\omega(t-\tau)+\frac{D}{C}\sin2\pi\omega(t-\tau)\right]$$

$$\sin\sqrt{B-\frac{A^2}{4}}\tau\,\mathrm{d}\tau$$

求得地上建筑物在爆破振动作用下相对于地面的水平位移 $u(t)$，依据《爆破安全规程》，可以判断建筑物稳定状况。

2.4　砌体房屋的爆破振动破坏特征和破坏机理

2.4.1　砌体房屋的爆破振动破坏特征

爆破振动危害主要取决于细部构造和墙体，其主要破坏特征和敏感破坏部位如下：

（1）墙体或楼（屋）面抹灰层的开裂、脱落，室内装饰物的脱落。

（2）砌体本身应力集中处易产生斜裂缝，在刚度变化处如墙角、房屋端部和凹凸处易产生裂缝。

（3）墙体间、墙与楼（屋）盖、墙与附属结构的连接处因受到振动使联结失效而易产生裂缝。

（4）平行于主震方向的主要承重墙体易发生开裂、滑移甚至局部掉角或倒塌。

2.4.2　砌体房屋的爆破振动破坏机理及模型

不复杂环境条件路堑爆破对建筑物的破坏既有近区的高频冲击、波动破坏作用，又有中远区类似天然地震的震动破坏情形。砌体房屋的振动危害程度和特征的差异，主要是由于振动特性与房屋结构的构造及动力特性关系不同而形成的不同破坏过程和机理引起的。研究分析表明，砌体房屋的爆破振动破坏机理及模型可分为以下两类。

2.4.2.1 冲击波动破坏

在爆源近区，砌体房屋所受的地震作用一般由爆炸应力波、高频地震波、爆炸冲击波综合引起的。在结构底土中传播的爆炸应力波的主振频率与房屋结构的自振频率相差甚远，因而房屋结构的动力反应不大，但它们在建筑物表面以及门窗、烟囱或其他孔口处，发生反射、折射或绕射，于是在砌体中产生拉力波，而出现砌体的抹灰层的开裂、脱落，以及拐角处出现裂缝，另外各构件的接触位置易发生联结失效破坏。砌体房屋的爆破冲击波动破坏问题一般采用一维应力波的力学模型，由应力波参量直接核算结构受到的最大应力和应变，并根据结构材料的强度理论进行安全评价。

2.4.2.2 爆破振动破坏

在大量爆破的中远区，砌体房屋受低频长周期的地震波作用。由于其主振频率接近于房屋结构的自振频率，其波长相当于或大于房屋结构的平面特征尺寸，此时结构将产生局部或整体的振动效应，其破坏结果主要由地震惯性力产生的剪应力作用于墙体而引起的，称为振动（剪切）破坏机理。根据爆破地震反应谱理论建立砌体房屋的振动剪切破坏模型，在爆破地震作用下，房屋结构沿高度在第 i 点处的剪力为：

$$Q_i = \sqrt{\sum_{j=1} Q_{ij}^2} = \sqrt{\sum_j \left[\sum_{j=1}^{t} Q_{ij}^2 K_H C_Z \beta_j X_j(i) W_i\right]^2}$$

层间各墙段承受的地震荷载按侧移度分配，第 i 层中第 r 墙段分配到的地层剪力为：

$$Q_{ir} = \frac{k_{ir}}{\left(\sum_{i=1}^{m} k_{ir}\right) Q_i}$$

该部位所受的剪应力：

$$\sigma_{ir} = \frac{Q_{ir}}{A_{ir}}$$

式中 K_H——水平爆破地震系数；

C_Z——综合影响系数；

β——综合影响系数；

$x_j(i)$ ——第 j 振型第 i 点处的坐标；

W_j——集中在第 i 点的自重；

k_{ir}——第 i 层中第 r 墙段的侧移刚度；

A_{ir}——i 到 r 墙段的净截面面积。

3 复杂环境条件路堑爆破振动测试实验研究

如果想要了解并有效地控制爆破振动对周边建（构）筑物的危害，就需要对每次爆破时产生的振动进行准确监测。然后，通过爆破振动测试，分析和掌握爆破地震波的特征、传播规律以及对周边建（构）筑物的影响和建（构）筑物破坏机理等，确定回归预报参数，改善爆破振动预测模型。根据监测结果及时调整爆破参数和施工方法，以指导爆破安全作业，从而有效地控制爆破地震效应，同时分析结果可以作为因爆破振动而引起的民事纠纷的科学判断依据，减少不必要的经济损失。

测试实验主要研究两个方面的内容：

（1）研究复杂环境条件路堑爆破过程中地震波的衰减规律，地质构造、地形条件对爆破地震波的影响，以及振动波参数与爆破方法的关系；

（2）研究建（构）筑物对爆破振动的响应特征，以及爆破振动响应特征与爆破方式、建（构）筑物结构特点的关系。

3.1 爆破振动测试系统

3.1.1 测试系统基本原理

目前振动测试主要采用非电量电测系统，其基本组成为传感器、中间交换器（包括放大器）及记录装置三个部分，如图 3.1 所示。

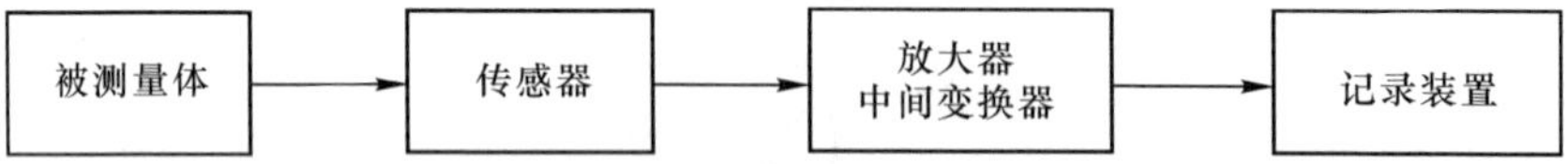

图 3.1 非电量电测系统图

各部分的功能如下：

（1）传感器。它是将被测非电物理量按一定规律转换为电量的装置，是实现测量目的的首要环节和采集原始数据的关键器件。

（2）中间变换器。是把传感器输出的电量变换为易于显示、记录和处理的电信号。它的种类常由传感器的类型决定。由于传感器的输出信号一般比较微弱，为了便于显示和记录，常常要将信号加以放大，所以大多数中间变换器都带有放大器。

（3）记录装置。它能将信号变为人们感官所能接受的形式，以便于观察分析、记录和保存，如图 3.2 所示。

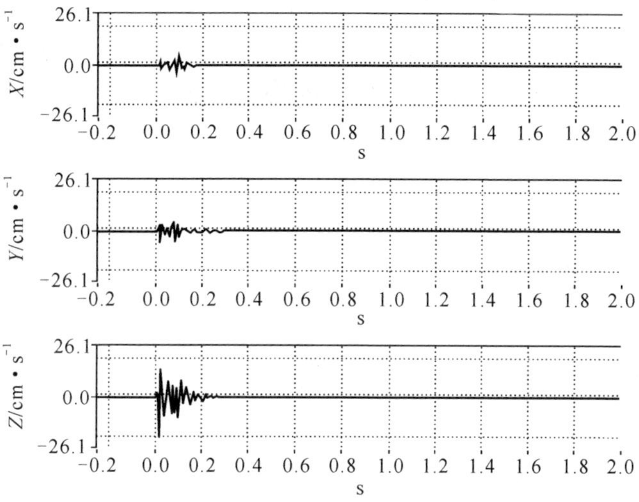

图 3.2 测试系统记录数据

上述测试系统的基本工作原理可以描述如下：与被测体紧附在一起的传感器感应到被测非电物理量（如振动速度、加速度、位移等），然后传感器将感受到的物理量按照相应的关系，转换成另一种物理量（一般为电量），由于传输的电量信号比较弱，经过放大器放大后，中间变换器把放大后的电量信号转换成易于显示、记录和处理的信号，再通过记录装置保存这些能为人们所接受的信号。

3.1.2 测试内容

复杂环境条件路堑爆破振动测试主要包括：地面质点的振动速度测试、爆破振动持续时间测试、爆破地震波的主振频率测试。

3.1.3 测点布置

在爆破振动测试中测点主要是依据测试目的和要求进行布置。要研究爆破地震波的传播规律，通常沿爆源中心的径向或环向布置一条或几条测线；对某一具体的爆破施工，仅在相应的需要保护的建筑物附近地面布设测点即可；当需了解不同地形、地物对爆破地震的响应情况时，应将测点布设在其附近。

测点的布设要遵循以下三点原则：

（1）由于爆破地震效应在爆源的不同方位有明显的差异，其最大值一般在爆破自由面后侧且垂直于炮心的连线方向上，因此应沿此方向来布设测点。

（2）由于爆破振动的强度随距离的增加呈指数规律衰减，测点间距应该是近密远疏，最好按对数坐标来确定测点距离。

（3）为了保障振动强度衰减公式的拟合精度，测点数须不少于 6 个。

为了确保复杂环境条件路堑爆破振动安全，必须针对具体的爆破场地进行现场爆破振动测试，以求得该场区真实可靠的 K、a 值，并利用爆破振动速度公式和《爆破安全规程》中规定的建（构）筑物地面质点的安全振动速度值来控制微差爆破单响药量。

3.2　测试数据

测试数据分析主要有以下三个方面：预测质点最大振速、主频分析和持续时间分析。

3.2.1　预测质点最大振速

根据预测的各方向最大振动速度，可以在爆破方案设计和爆破安全技术措施制定时，对爆破参数做出调整并进行安全校核，以便将爆破振动破坏始终控制在允许的范围内。

通常是根据爆破试验过程中测得实际数据，以萨氏经验公式为基本式，采用最小二乘法进行拟合，求得相应爆破振动参数的衰减方程。

萨道夫斯基公式：

$$v = K \cdot \rho^{\alpha} = K\left(\frac{\sqrt[3]{Q}}{R}\right)^{\alpha}$$

式中　ρ——比例药量。

为了确定系数 K 和 α，将两端取自然对数转化为线性方程：

$$\ln v = \ln K + \alpha \ln \rho$$

令

$$y = \ln v,\ x = \ln \rho,\ a = \ln K,\ b = \alpha$$

则

$$y = a + bx$$

代入现场实测的 v、Q、R，求出 K、α 值，就可以预测各质点的最大振速，指导爆破施工。

3.2.2　振速修正

用萨道夫斯基公式预测钻孔爆破的振动速度会产生较大的误差，其原因在于忽略了地质条件、高程、爆破自由面条件、峰值质点振动加速度 a 等因素的影响。

（1）考虑高程的影响。

1）高程作用对爆破振动速度的放大效应明显，并主要以垂直方向振动速度放大为主。

2）随着水平距离、高程差的增大，爆破振动速度以衰减趋势为主导，放大效应不够明显。

3）对于不同地形，在同一水平处各坡面监测点，爆破振动速度随着坡面坡度增加以衰减为主，但存在高程放大效应占主导的现象。

修正计算公式如下：

$$v = k\left(\frac{\sqrt[3]{Q}}{R}\right)^{\alpha} \cdot H^{\beta}$$

式中 β——修正衰减参数。

H——距爆心垂直距离，m。

（2）考虑爆破自由面条件。

$$v = k\left(\frac{\sqrt[3]{Q}}{R}\right)^{\alpha} \cdot A^{\beta}$$

式中 β——修正衰减参数。

A——自由面面积，m^2。

3.2.3 爆破振动安全允许距离及齐发最大药量

根据《爆破安全规程》（GB 6722—2014），爆破振动安全允许距离，可按下式计算：

$$R = (K/v)^{1/\alpha} \cdot Q^{1/3}$$

式中 R——爆破振动安全允许距离，m；

Q——炸药量，齐发爆破为总量，延时爆破为最大一段药量，kg；

v——保护对象所在地质点振动安全允许速度，cm/s；

K，α——与爆破点至计算保护对象间的地形、地质条件有关的系数和衰减指数，可按表3.1选取，或通过现场试验确定。

K值更依赖于爆破条件的变化，α值主要取决于地形、地质条件的变化。爆破自由面条件好，夹制作用小，K值就小，反之K值大；地形平坦，岩体完整、坚硬，α值趋小，反之岩体破碎软弱，地形起伏变化，α值趋大。复杂环境条件下，K取值范围在50~1000之间，α取值范围在1.3~3.0之间。当$R/Q \leqslant 10$，K、α值都较大，K值可达500以上，α值达到2.0~3.0之间；当$R/Q>10$，K值130~500之间，α值在1.3~2.0之间。

表3.1 爆区不同岩性的K、α值

岩 性	K	α
坚硬岩石	50~150	1.3~1.5
中硬岩石	150~250	1.5~1.8
软岩石	250~350	1.8~2.0

一般爆破设计中，在明确爆区周围重点保护对象结构特征、距离爆区水平距离 R 基础上，根据爆破类型按表 3. 1、表 3. 2 选取 K、α，并按上式推算齐发最大药量 Q_{max}。

表 3. 2 国内工程实测 K、α 值参考表

编号		地质简况	K	α
Ⅰ露天深孔齐爆	10	石灰岩抛掷前方	130	1. 8
Ⅰ露天深孔齐爆	10	石灰岩抛掷后方	340	1. 8
Ⅰ露天深孔齐爆	11	石英闪长岩	136	1. 6
Ⅰ露天深孔齐爆	12	透辉石矽卡岩	279	1. 6
Ⅰ露天深孔齐爆	13	混合岩	126	1. 67
Ⅱ露天深孔毫秒延期爆破	14	石英角斑岩	100	1. 61
Ⅱ露天深孔毫秒延期爆破	15	石英闪长岩	153	1. 6
Ⅱ露天深孔毫秒延期爆破	16	花岗岩、混合岩	374	1. 8
Ⅱ露天深孔毫秒延期爆破	17	混合片麻岩	120	1. 43
Ⅱ露天深孔毫秒延期爆破	18	大理岩（直孔）	273. 8	1. 6
Ⅱ露天深孔毫秒延期爆破	18	大理岩（斜孔）	107	1. 5
Ⅱ露天深孔毫秒延期爆破	19	闪长岩（直孔）	20	0. 7
Ⅱ露天深孔毫秒延期爆破	19	闪长岩（斜孔）	50	1. 0
Ⅲ台阶爆破（几个矿山综合）			302	1. 7
Ⅳ掘沟爆破（几个矿山综合）			443	1. 74

在路堑爆破条件下，对周边临近建（构）筑物，考虑最危险情况，按表 2. 3 取安全允许振速。根据爆区周围地形、地质，取 K、α 值。经计算，求得爆区允许齐发最大药量。

3. 2. 4 最大振幅、周期

建（构）筑物抗震安全控制指标首先需要考虑爆破振动强度的影响。爆破地震波的振幅在一个完整的波形图中是不相同，它随时间而变化。由于主震相的振幅大，作用时间长，因此，主震相中的最大振幅是表征地震波的主要参数。通过调整药量、孔排距、起爆方式及微差起爆延期时间等爆破参数，可以在一定范围内达到改变爆破振动强度的目的。实践中，降低振幅主要控制参数为微差起爆延时时间：在不考虑延时误差的影响条件下，若每两个炮孔间延时均为 d，那么毫秒爆破的振动频谱每间隔 $1/d$ 频率均有一个明显的突峰，通过改变延时间隔，通过波的干涉，可以改变爆破振动的振幅。

结构位移响应函数都包含结构的自振频率和爆破地震波的频率因子。爆破振动频率对建构筑物结构的影响体现在对建（构）筑物造成的瞬间位移，可使用下式进行计算：

$$A = \frac{v}{2\pi \cdot f}$$

式中　A——爆破振动对建（构）筑物造成的瞬间位移，cm；

v——峰值质点振动速度，cm/s；

f——爆破振动频率，Hz。

一般用最大振幅 A 所对应的一个波的周期 T_0 作为地震波的参数，频率为其倒数 $f_0 = 1/T_0$。由于地震波明显的瞬态振动特征，为一频域较宽的随机信号，用频谱分析方法得出频谱可描述其频率特征。随爆心距离增加，振动强度与频率都逐渐降低，地震波的衰减系数与频率成正比。根据实测不同药量与距离时振动加速度时程曲线所进行的频谱分析，得到如下经验统计关系：

$$f = \frac{1}{T} = 5000 \times e^{-0.4R}/Q^{0.33}$$

式中　R——距离，m；

Q——炸药量，kg。

经验公式的适用范围有局限性，因此在进行工程实践时，需要针对不同的地质地貌、爆破方式以及装药结构等对参数进行修正，以此保证公式的可靠性。

3.3　频谱分析

随着信号分析技术的发展，爆破振动信号分析方法大致经历了三种：傅里叶分析、小波分析、HHT 分析。

现今振动测试仪配套软件中都已带有 FFT 分析工具软件，基于频谱分析 FFT 原理，利用 Matlab 软件中的频谱分析功能，绘出振动信号的傅里叶频谱图和功率谱图。

研究表明，爆破地震波具有以下频谱特征：

（1）爆破地震波频率谱具有广谱性，即频谱图上有多个峰值。振动频率具有广谱性且为不规则频率，由于波的干涉作用改变波的频率组成。单孔爆破地震波水平方向振动频率低于垂直方向振动频率，但其振动速度大于垂直方向振动速度，作为安全标准考虑，速度应取水平向振动参数，频率应取垂直向数据。

（2）爆破地震波传播过程中频谱变化特性。爆破地震波传播过程中要产生能量衰减，不同频率的能量衰减不同，高频成分的能量衰减快于低频。小规模台阶微差爆破的振动以高频成分占主要优势，其主频范围 20~35Hz，而较大规模的高台阶深孔微差爆破的振动，则以低频成分为主，主频率 0~20Hz。由此看出，对于相同的爆破类型，爆炸能量的大小对主频率的分布有很大影响。

（3）爆破地震波的主频比较稳定。爆破地震波含有各种频率成分，而且各种波的含量差别很大，但在一定地质条件下，主频率比较稳定，不同爆破在相同距离所测得的主频率基本相同。

(4) 当药量较大时，炸药爆炸反应的历时较长，爆轰气体膨胀做功能量较大，药室内正、负压作用时间均延长，使爆源激发的地震波频率较低，同等距离测点的爆破地震主频率较低，主频域处于较低的频率范围。

(5) 深度对爆破地震频率特性的影响较大。随着深度的增加，期望周期减小，高频度的振幅相应增加，但深度对频率特性的影响随着距离的增加将越来越不显著。

3.3.1 傅里叶变换

傅里叶变换可将爆破振动信号由时域转换为频域，以分析频率相关的信息。函数 $a(t)$ 在 R^2 上的连续傅里叶变换定义为：

$$A(\omega) = \int_{-\infty}^{\infty} a(t)\mathrm{e}^{-j\omega t}\mathrm{d}t$$

爆破振动信号为离散信号，需要对等时间间隔的信号进行积分以获得离散傅里叶变换（DFT）：

$$X(k) = \sum_{n=0}^{N-1} x(n)\mathrm{e}^{-jnk\frac{2\pi}{N}}$$

$$(k=0,\ 1,\ \cdots,\ N-1)$$

逆变换公式：

$$x(n) = \frac{1}{N}\sum_{k=0}^{N-1} X(k)\mathrm{e}^{jnk\frac{2\pi}{N}}$$

$$(n = 0,\ 1,\ \cdots,\ N - 1)$$

FFT 是利用计算机将 DFT 快速实现的方法，将振动信号分解成若干频率正弦波的叠加。

3.3.2 谱密度分析

爆破振动信号有很大的随机性，不适合做幅值谱、相位谱及离散谱分析，往往只做功率谱分析。功率谱密度函数可定义为：

$$S_x(f) = \int_{-\infty}^{\infty} R_x(\tau)\mathrm{e}^{-i2\pi ft}\mathrm{d}\,\tau$$

功率谱密度函数在实际工程中用单边功率谱表示，即：

$$G_x(f) = 2\int_{0}^{\infty} R_x(\tau)\mathrm{e}^{-i2\pi ft}\mathrm{d}\,\tau$$

3.3.3 频谱分析

爆破振动信号属于非平稳动态信号。通过动态信号的频谱分析，可以获得动态信号中各个频率成分的幅值分布和能量分布范围，以及动态信号的主频带宽度。频谱分析中的重要工具是傅里叶变换，经过傅里叶变换，把原时间域内包含的信息变换到频率域内进行分析，可以辨别出组成任意波形的一些不同频率的正弦波和它们各自的振幅。

利用傅里叶变换对采集的爆破振动信号进行频谱分析时，在 Matlab 中编制相应的信号处理和分析程序，得到该爆破振动实测信号的频谱图和功率谱密度图。

基于 Matlab 的 FFT 设计流程图如图 3.3 所示。

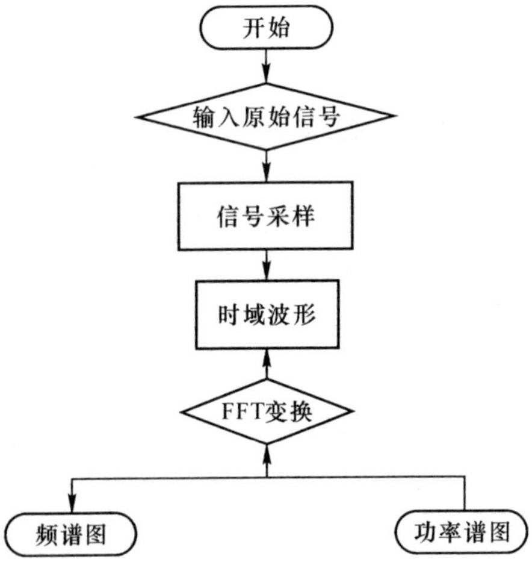

图 3.3 流程图

其频谱分析结果如图 3.4 所示。

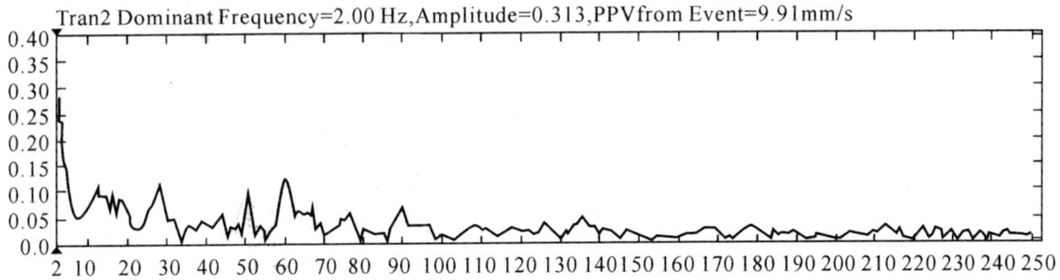

图 3.4 爆破振动频谱示意图

观察图 3.4，垂直、水平、径向的频率是不相同的，说明爆破的主频有很多种，质点振动速度峰值对应的频率即为主动频率，当爆破地震波的频率等于或者接近建筑结构的自振频率时，会因共振而导致振动成倍加强，进而可能使结构局部或部分开裂破坏或失稳。主动频率与垂直振动频率较为吻合，是引起建筑结构动力响应的主要因素。测试的主动频率主要集中在 30 ~ 50Hz 的低频段，同时 30Hz 以下的低频很少；三个方向上的频率也主要集中在 25 ~ 70Hz，而一般房屋结构自振频率在 1 ~ 10Hz。地震波的频率越高，偏离建筑物频率越远，结构的动力响应就越小，因此振动对建筑物的潜在危害也就越小。

4 复杂环境条件路堑爆破应力波传播规律实验研究

4.1 岩石内爆炸应力波的传播特性

4.1.1 岩石在爆炸冲击载荷作用下的变形规律

岩石在爆炸冲击荷载作用下的变形规律如图 4.1 所示。不同的应力幅值，所形成的应力波特性不同。图中 *OA* 为弹性区，*A* 为屈服点，*AB* 为弹塑性变形区，*B* 点以后岩石进入类似流体的状态。

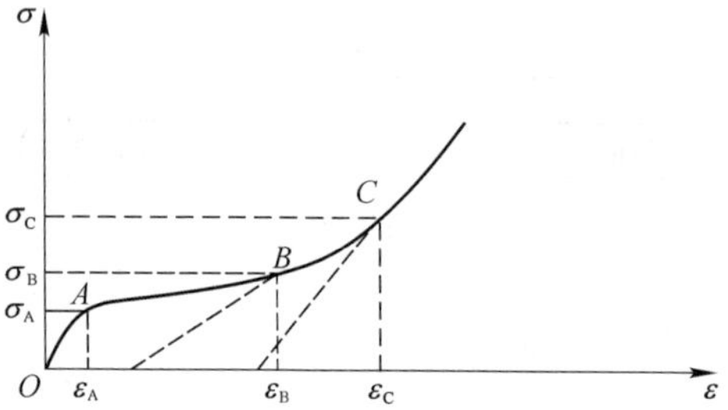

图 4.1 爆炸冲击载荷作用下岩石的变形规律

冲击波、应力波和地震波具有不同的应力幅值和加载速率，因而具有不同的衰减速率和作用范围。装药在岩体中爆炸时，若作用在岩体上的冲击荷载超过 *C* 点应力（称为临界应力），首先形成的则是冲击波，而后衰减为非稳态冲击波、弹塑性波、弹性应力波和爆炸地震波，如图 4.2 所示。综合当前的研究成果，冲击波、应力波和地震波等在传播过程中呈指数规律衰减，但衰减指数不同，冲击波衰减指数最大，应力波衰减指数次之，地震波衰减指数最小。

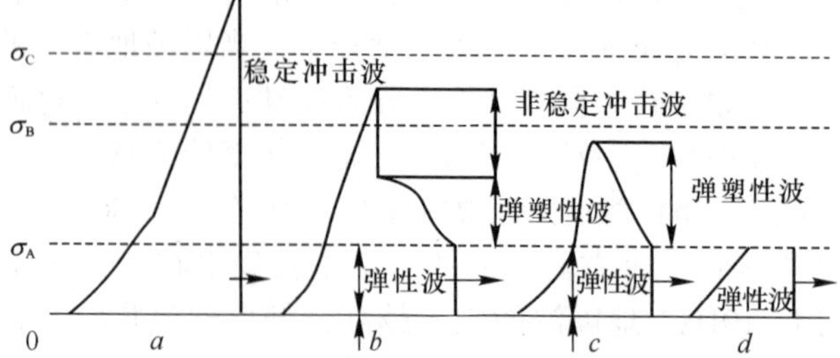

图 4.2 不同应力幅值时岩体中传播的爆炸应力波

4.1.2　岩体内的爆炸应力场

当爆炸波在岩石中传播时，不仅岩石介质内各点的应力不同，而且各点的应力也随时间发展而变化，也就是说，岩石内产生的应力，不仅是空间坐标的函数，而且同时也是时间的函数。这种岩石内应力分布随时间的变化而变化的应力场，称为动态应力场。依据上一节的分区，爆炸荷载作用下岩体内的动态应力场可分为冲击波场、应力波场和地震波场。综合目前的研究成果，爆炸冲击波的作用范围一般在距爆源中心 3~7 倍装药半径范围内，爆炸应力波场的作用范围一般在距爆源中心 120~150 倍装药半径范围内，爆炸地震波场的作用范围则一般在距爆源中心 150 倍装药半径范围外，如图 4.3 所示（r_c 为装药半径）。

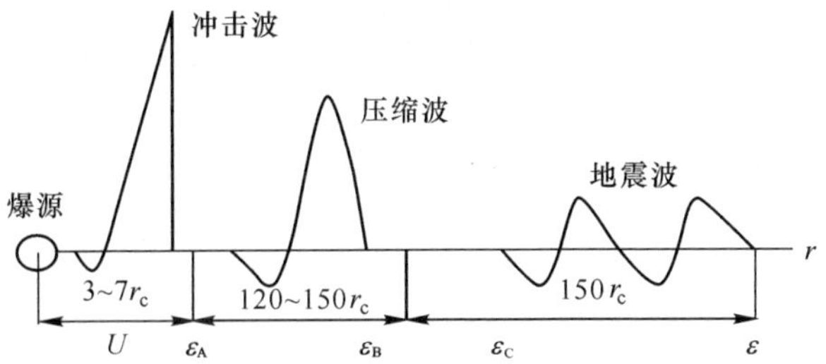

图 4.3　岩体中爆炸应力的演变

冲击波通过时，岩石类似于流体，波头上状态参数将发生突越变化。设岩石初始状态参数为 p_0，V_0，E_0，$u_0=0$，冲击波波速为 D，波头上岩石状态参数突变为 p，V，E，u（p，V，E，u 分别对应岩石介质的压力，体积，能量和质点速度），这些参数之间的关系应满足冲击波基本方程，即：

$$\frac{D}{D-u}=\frac{V_0}{V}$$

$$\frac{Du}{V_0}=p-p_0$$

$$E-E_0=\frac{1}{2}(P+P_0)(V_0-V)$$

目前，一般通过试验给出岩石的 RH 方程的经验式。最常采用的 RH 方程为：

$$p=\frac{1}{4}\rho_m C_p^2\left[\left(\frac{\rho}{\rho_m}\right)^4-1\right]$$

RH 方程另一较常用的形式为：

$$D=a+bu$$

式中，a，b 为试验确定的常数，某些岩石的 a，b 值见表 4.1。

表 4.1　某些岩石的 *a*，*b* 值

岩石名称	密度 /kg · m^{-3}	a/m · s^{-1}	b	岩石名称	密度 /kg · m^{-3}	a/m · s^{-1}	b
花岗岩	2630	2100	1.63	大理岩	2700	4000	1.32
	2670	3600	1.0	石灰岩	2600	3500	1.43
玄武岩	2670	2600	1.6		2500	3400	1.27
闪长岩	2980	3500	1.32	泥质细砂岩		520	1.78
钙钠斜长岩	2750	3000	1.47	页岩	2000	3600	1.34
纯橄榄岩	3300	6300	0.65	岩盐	2160	3500	1.33
橄榄岩	3000	5000	1.44				

在前面三个方程中，有四个未知数：p，V，D，u，因此只要知道其中一个初始参数值（炸药与岩石交界面上的参数值）及其随距离的变化，就能求得其他各参数值。

冲击波在岩体内的衰减规律目前通用的是按指数规律衰减的公式：

$$p = p_b \bar{r}^{-a}$$

式中　p_b——炮孔壁初始冲击压力；

$\bar{r}$——对比距离，$\bar{r} = \dfrac{r}{r_0}$；

r——距炮孔中心距离；

r_0——炮孔半径；

a——衰减指数，对冲击波 $a \approx 3$。

冲击波作业区介质呈流体特性，三个方向的应力相等，故：

$$\sigma_r = \sigma_\theta = \sigma_z = p = p_b \bar{r}^{-a}$$

4.2　弹性介质中爆破应力波理论衰减方程

应力波理论首先是从弹性波基础上发展起来的，这里研究药包在完全弹性介质中爆破时产生的应力波衰减规律。无限长柱状药包或称条形药包在完全弹性介质中同时爆轰时激起的应力波在径向近似柱面波，因此将柱状药包产生的径向应力波当作柱面波进行研究。

4.2.1　柱面波的运动方程

爆破应力波在传播的过程中，波阵面应符合质量守恒和动量守恒条件。

对于波阵面是同轴圆柱面的柱面波，由于介质运动的轴对称性，在柱坐标 r，θ，z 中，只有径向位移 $u(r, t)$ 为非零位移，而且各状态参量都只是 r 和 t 的函数，而与 z 无关，于是有：

$$\begin{cases}\varepsilon_r = \dfrac{\partial u}{\partial r},\ v = \dfrac{\partial u}{\partial t} \\ \varepsilon_\theta = \dfrac{u}{r},\ \varepsilon_z = 0 \\ \sigma_r = \sigma_r(r,\ t),\ \sigma_\theta = \sigma_\theta(r,\ t),\ \sigma_z = \sigma_z(r,\ t)\end{cases}$$

式中 σ_r，σ_θ，σ_z——分别为沿 r，θ，z 方向的应力；

ε_r，ε_θ，ε_z——分别为 r，θ，z 方向的应变。

由动量守恒条件获得柱面波的径向运动方程为：

$$\frac{\partial \sigma_r}{\partial r} + \frac{\sigma_r - \sigma_\theta}{r} = \rho_0 \frac{\partial v}{\partial t}$$

根据质量守恒条件，位移 u 必是 r 和 t 的单值连续函数，ε_r，ε_θ 和径向质点速度 v 必满足以下条件：

$$\frac{\partial \varepsilon_r}{\partial t} = \frac{\partial v}{\partial r}$$

$$\frac{\partial \varepsilon_\theta}{\partial t} = \frac{v}{r}$$

4.2.2 径向应力衰减方程

已经获得应力波传播所有控制方程，从理论上，可以获得应力传播过程中有关参数的计算公式。

利用边界条件 $\sigma_r=p$，可得柱状药包径向应力波的衰减规律：

$$\sigma_r = -\frac{p_0}{\bar{r}}$$

$$\bar{r} = \frac{r}{r_0}$$

式中 σ_r——距球形药包 r 处的径向应力；

p_0——岩石与炸药界面处的压力；

$\bar{r}$——相对距离；

r——与爆源距离；

r_0——装药半径。

4.2.3 应力与应变的关系

电阻应变片测试测出的只是试件上某测点处的应变，其应力还必须经过换算才能得到。不同的应力状态有不同的换算关系。

4.2.3.1　单向应力状态

当测点处于单向应力状态，应变片沿主应变方向粘贴，测得的主应变为 ε，则该点的主应力 σ 为：

$$\sigma = E \cdot \varepsilon$$

式中　E——被测试件材料的弹性模量。

4.2.3.2　已知主应力方向的二向应力状态

这种情况下可沿两个主应力方向粘贴两个相互垂直的应变片。设测点的两个主应变为 ε_1 和 ε_2，那么该点的主应力 σ_1，σ_2 分别为：

$$\begin{cases} \sigma_1 = \dfrac{E}{1-\mu^2}(\varepsilon_1 + \mu\varepsilon_2) \\ \sigma_2 = \dfrac{E}{1-\mu^2}(\varepsilon_1 + \mu\varepsilon_2) \end{cases}$$

式中　μ——被测试件材料的泊松比。

4.2.3.3　未知主应力方向的二向应力状态

由于主应力方向未知，必须在测点处粘贴三个不同方向的应变片（即应变花），分别测出这点三个方向的应变后才能算出主应力。常用的应变花有两种，如图 4.4 所示。

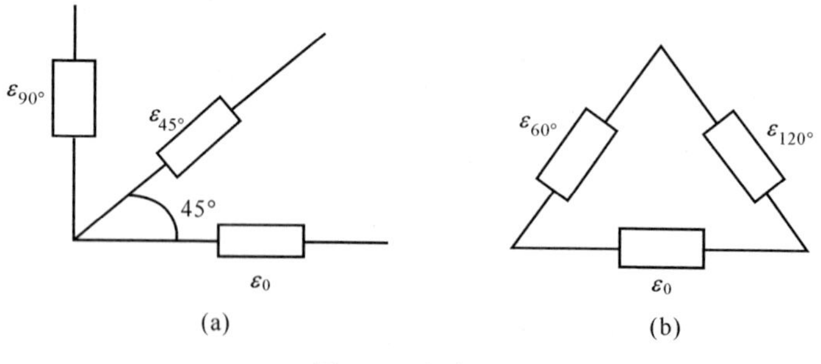

图 4.4　应变花

（a）三轴 45°应变花；（b）三轴 60°应变花

（1）三轴 45°应变花用于主应力方向大致知道但不能完全肯定的情况。若三个方向的应变分别为 ε_0，$\varepsilon_{45°}$，$\varepsilon_{90°}$，则测点的主应力大小和方向分别为：

$$\frac{\sigma_1}{\sigma_2} = \frac{E}{2}\left[\frac{\varepsilon_0 + \varepsilon_{90°}}{1-\mu} \pm \frac{\sqrt{2}}{1+\mu}\sqrt{(\varepsilon_0 - \varepsilon_{45°})^2 + (\varepsilon_{45°} - \varepsilon_{90°})^2}\right]$$

$$\tan 2\alpha = \frac{2\varepsilon_{45^\circ} - \varepsilon_0 - \varepsilon_{90^\circ}}{\varepsilon_0 - \varepsilon_{90^\circ}}$$

式中 α——σ_1 方向与 ε_0 方向的夹角，逆时针转向为正。

（2）三轴 60°应变花常用于主应力方向无法估计的情况。设三个方向的应变为 ε_0，ε_{60°，ε_{120°，那么测点的主应力大小及方向为：

$$\frac{\sigma_1}{\sigma_2} = \frac{E}{3}\left[\frac{\varepsilon_0 + \varepsilon_{60^\circ} + \varepsilon_{120^\circ}}{1-\mu} \pm \frac{\sqrt{2}}{1+\mu}\sqrt{(\varepsilon_0 - \varepsilon_{60^\circ})^2 + (\varepsilon_{60^\circ} - \varepsilon_{120^\circ})^2 + (\varepsilon_{120^\circ} - \varepsilon_0)^2}\right]$$

$$\tan 2\alpha = \frac{\sqrt{3}(\varepsilon_{60^\circ} - \varepsilon_{120^\circ})}{2\varepsilon_0 - \varepsilon_{60^\circ} - \varepsilon_{120^\circ}}$$

此外，还有其他形式应变花，如四轴应变花。

4.3 测试系统

4.3.1 应变片的选择

应变片的选取原则为：

$$L = \left(\frac{1}{10} \sim \frac{1}{20}\right) \cdot \lambda$$

式中 λ——波长；

L——应变片栅长长度。

对于压缩波，应变片粘贴方向需与传播方向一致，测试的应变片为该长度范围内的平均应变。因此，应变片太长将使波前变缓，削减波峰，导致测试失真。根据 W. L. Foruney 等人用高速摄影和激光全息照相获得应力波波形，当波峰达 150με 时，波前上升时间约为 8μs。根据相似原理，在应变达到 1000～10000με 时，相应的波前上升时间为 80～800μs。因而，径向应变片的栅长 L 应不大于十分之一波长，即 $L \leqslant \frac{1}{10} \times 4155.12 \times 80 = 33.24\text{mm}$。

对于切向拉伸应变片，长度也不大于 33.24mm。因此，应变片选择了浙江黄岩测试仪器厂生产的 BX120－1AA 型，长 5mm、宽 4mm、栅长 1mm、栅宽 1mm，如图 4.5 所示。

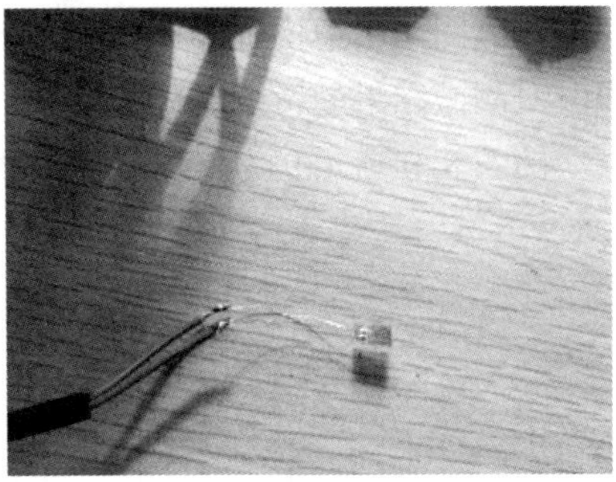

图 4.5 试验应变片

4.3.2 爆炸冲击加载触发

测试系统采用内触发方式，采样速度为 0.1μs/byte。

现场一般采取试验炮孔直径 ϕ42mm，孔深为 500mm，每次试验共计 5 个孔，1 个爆孔、4 个测量孔，孔间隔均为 500mm。

炸药使用粉状乳化炸药连续装药，初始装药密度 0.75×10^3kg/m^3，爆轰速度 3400m/s，药卷直径 ϕ32mm，长度 200mm，重量 150g/卷，试验炮孔内装药量为 150g。

4.3.3　信号捕捉

以环氧树脂砂浆材料做基体，A 级电阻应变片做敏感元件的应变砖式传感器承担信号捕捉。

传感器的敏感元件为 A 级 5mm×3mm 电阻应变片，基体材料环氧树脂砂浆，基体的波阻抗和刚度与模型的波阻抗和刚度基本匹配，试验电阻应变片如图 4.6 所示。

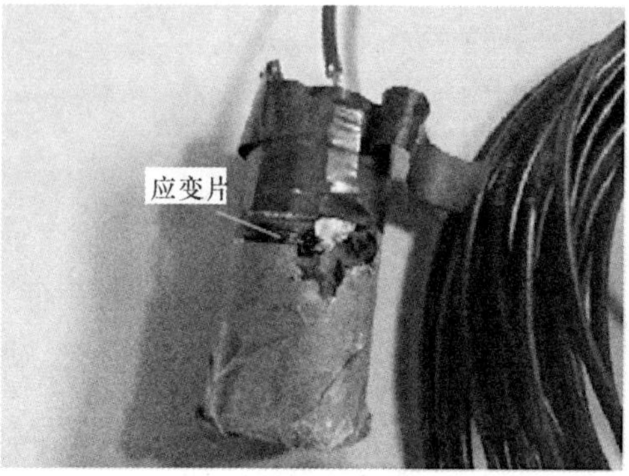

图 4.6　实验传感砖

按照图 4.7 中位置（距离药包 50mm）埋置传感器，基本能消除端部反射应力波对测试结果的影响。

图 4.8 和图 4.9 为爆炸应力波测试系统超动态应变仪和高速波存。

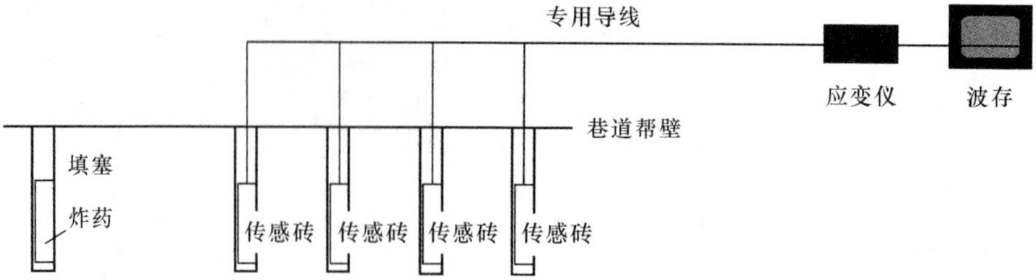

图 4.7　爆炸应力波测试系统示意图

图 4.8 应变仪

图 4.9 试验现场波存和应变仪

4.3.4 测定数据

实验测定数据如图 4.10 所示。

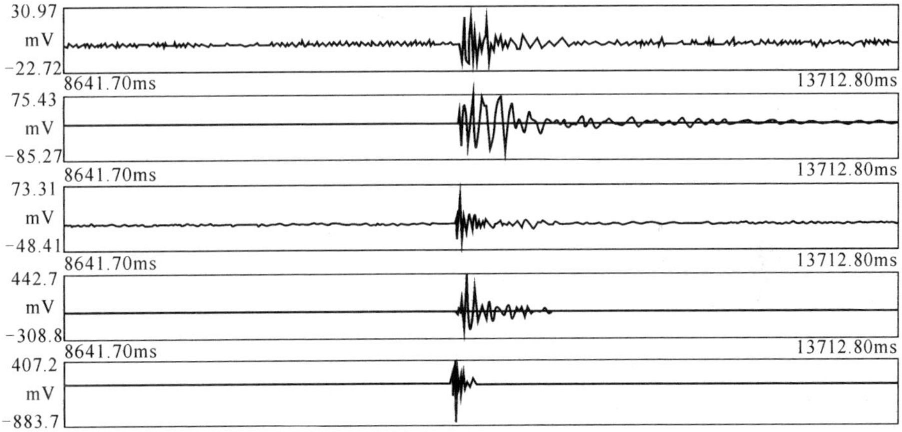

图 4.10 爆炸应力波波形示意图

测试系统记录到爆炸应力波比较完整的波形。药包爆炸后，传感器要先后捕捉到两段不连续的、具有不同特征的波形信号。其中，第一段信号由完整的压缩相和拉伸相组成，第二段信号只有压缩相，具备冲击信号的一些基本特征。

根据系统的标定参数、动态弹性模量，以及传感器与应力波波阵面之间的夹角，将原始波形信号转变为测点处的应力波图形。

4.4 超声波实验研究

4.4.1 实验方法

声波是物质运动的一种形式，它是由物质的机械振动产生的，通过物质质点之间的相互作用由近及远的传递而传播。目前测试岩石弹性波速的方法主要有实验室岩样测试法和现场炮孔测试法。

4.4.1.1　实验室岩样测试法

实验室岩样测试法测量弹性波速的基本原理是测量岩样的长度 l 和超声波穿过岩样所用的时间 t，用实验样品长度除以时间得到超声波通过岩样的弹性波速度。

实验室可测量得到超声波在样品中总的走时和样品的长度，如图 4.11 所示。岩石的波速可表示为：

$$v = l/t$$

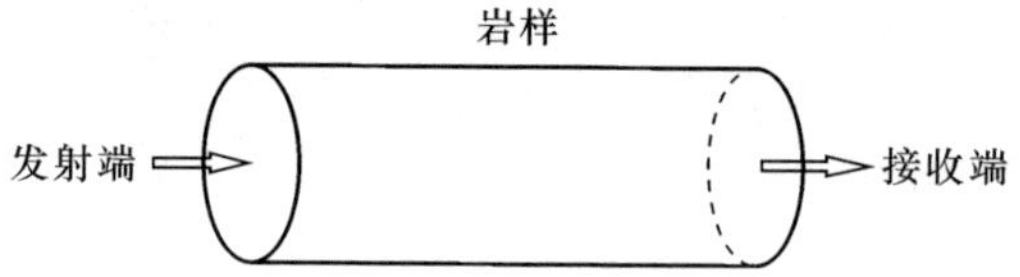

图 4.11　实验室岩样测试法示意图

4.4.1.2　现场炮孔测试法

现场炮孔测试法测量弹性波速的基本原理是测量钻孔的孔间距 a 和超声波穿过炮孔间所用的时间 t，用实验样品长度除以时间得到超声波通过岩样的弹性波速度。

现场可测量得到超声波在炮孔间总的走时、孔间距的长度，如图 4.12 所示。岩石的波速可表示为：

$$v = a/t$$

式中　a——孔间距，m。

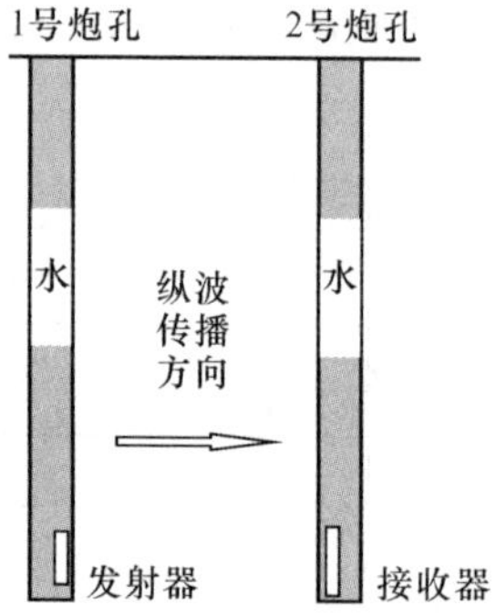

图 4.12　现场炮孔测试法示意图

4.4.2　波速和岩石弹性模量之间的关系

岩石弹性是一种与岩石的内部结构有关的基本物理性质，弹性可以用一些参数来描述：

（1）纵波传播速度。定义为在固体、液体、气体中由于涨-缩变形而产生的弹性波传播速度。

（2）杨氏模量（纵向弹性模量）。指法向应力与沿应力作用方向引起的伸长量之比。

（3）泊松比（横向压缩系数）。指弹性体受单轴拉伸应力作用时，弹性体横向压缩应变与纵向伸长应变的比值。

假设 u，v，w 是质点在 X，Y，Z 方向的位移，于是按位移表示的运动方程是：

X 方向

$$\rho \frac{\partial^2 u}{\partial^2 t} = \left(B + \frac{G}{3}\right)\frac{\partial \Delta}{\partial x} + G\nabla^2 u + \rho X$$

Y 方向：

$$\rho \frac{\partial^2 u}{\partial^2 t} = \left(B + \frac{G}{3}\right)\frac{\partial \Delta}{\partial y} + G\nabla^2 u + \rho Y$$

Z 方向：

$$\rho \frac{\partial^2 u}{\partial^2 t} = \left(B + \frac{G}{3}\right)\frac{\partial \Delta}{\partial z} + G\nabla^2 u + \rho Z$$

式中

$$\Delta = \frac{\partial u}{\partial x} + \frac{\partial v}{\partial y} + \frac{\partial w}{\partial z}$$

$$\nabla^2 = \frac{\partial^2}{\partial x^2} + \frac{\partial^2}{\partial y^2} + \frac{\partial^2}{\partial z^2}$$

上述微分方程对 X，Y，Z 求偏导再求和得到：

$$\frac{\partial^2 \Delta}{\partial t^2} = \left(\frac{B + 4/3G}{\rho}\right)\Delta\nabla^2 + \left(\frac{\partial X}{\partial x} + \frac{\partial Y}{\partial y} + \frac{\partial Z}{\partial z}\right)$$

根据此方程，压缩波通过弹性体传播具有速度：

$$v_p = \left(\frac{B + 4/3G}{\rho}\right)^{\frac{1}{2}}$$

上述方程表明物体内弹性波的速度是其密度和弹性的函数，压缩波、横波也可以表示为如下形式：

$$v_p = \left[\frac{E(1 - v)}{\rho(1 + v)(1 - 2v)}\right]^{\frac{1}{2}} = \left(\frac{K + 4\mu/3}{\rho}\right)^{\frac{1}{2}}$$

$$v_s = \left[\frac{E}{2\rho(1 + v)}\right]^{\frac{1}{2}} = \left(\frac{\mu}{\rho}\right)^{\frac{1}{2}}$$

由以上关系式可以导出：

（1）杨氏模量

$$E = 2G(1 + \mu) = 2\rho(1 + \mu)v_s^2 = \frac{9K\rho v_s^2}{3K + \rho v_s^2}$$

（2）泊松比

$$\mu = \frac{\left(\frac{v_p}{v_s}\right)^2 - 2}{\left(\frac{v_p}{v_s}\right)^2 - 1}$$

5　复杂环境条件路堑爆破漏斗实验研究

实际爆破工程中，往往是将药包埋置在自由面附近一定深度内实施的，爆破的外部作用乃是爆破破岩的主要形式，爆破漏斗成为岩石爆破理论中的基本研究对象。

5.1　基本理论

5.1.1　爆破漏斗的形成过程

设一球形药包，埋置在平整地表面下一定深度的坚固均质岩石中爆破。如果埋深相同、药量不同，或者药量相同、埋深不同，爆炸后则可能产生压碎区、破裂区，或者还产生片落区以及爆破漏斗。图 5.1 是药量和埋深一定的情况下，爆破漏斗形成的过程。

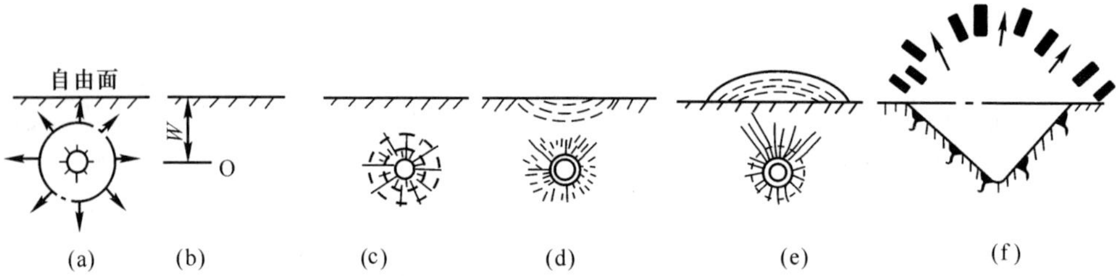

图 5.1　爆破漏斗形成示意图

（a）炸药爆炸形成的应力场；（b）粉碎压缩区；（c）破裂区（径向裂隙和环向裂隙）；（d）破裂区和片落区（自由面处）；（e）地表隆起、位移；（f）形成漏斗

爆破漏斗是受应力波和爆生气体共同作用的结果，其一般过程如下：

在均质坚固的岩体内，当有足够的炸药能量，且炸药与岩体可爆性相匹配时，在相应的最小抵抗线等爆破条件下，炸药爆炸产生两三千度以上的高温和几万兆帕的高压，形成每秒数千米速度的冲击波和应力场，瞬间作用在药包周围的岩壁上，使药包附近的岩石或被挤压，或被击碎成粉粒，形成了压碎区（近区）。此后冲击波衰减为压应力波，继续在岩体内自爆源向四周传播，使岩石质点产生径向位移，构成径向压应力和切向拉应力的应力场。由于岩石抗拉强度仅是抗压强度的 3%~30%，当切向应力大于岩石的抗拉强度时，该处岩石被拉断，形成与粉碎区贯通的径向裂隙。高压爆生气体膨胀的气楔作用助长了径向裂隙的扩展。由于能量的消耗，爆生气体继续膨胀，但压力迅速下降。当爆源的压力下降到一定程度时，原先在药包周围岩石被压缩过程中积蓄的弹性变形能释放出来，并转变为卸载波，形成朝向爆源的径向拉应力。当此拉应力大于岩石的抗拉强度时，岩石被拉断，形成环向裂隙。在径向裂隙与环向裂隙出现的同时，由于径向应力和切向应力共同作用的结果，又形成剪切裂隙。纵横交错的裂隙，将岩石切割、破碎，构成了破裂区（中区）。当应力波向外传播到达自由面时，产生反射拉伸应力波。该拉应力大于岩石的抗拉强度时，地表面的岩石被拉断形成片落区。在径向裂隙的控制下，破裂区可能一直扩展到地表面，或者破裂区和片落区相连接形成连续性破坏。与此同时，大量的爆生气体继续膨胀，将最小抵抗线方向的岩石表面鼓起、破碎、抛掷，最终形成倒锥形的凹坑，此凹坑即称为爆破漏斗。

5.1.2 爆破漏斗的几何参数

一球状药包在单自由面条件下爆破形成爆破漏斗的几何尺寸，其中最主要的几何参数（或几何要素）有三个，它们是：

（1）最小抵抗线 W。装药中心到自由面的垂直距离，即药包的埋置深度，也就是倒圆锥的高度。

（2）爆破漏斗半径 r。爆破漏斗底圆中心到该圆边上任意点的距离，即漏斗倒圆锥底圆半径。

（3）爆破作用半径 R。药包中心到爆破漏斗底圆边缘上任意一点距离，即倒圆锥顶至底圆的长度。

在爆破工程中，经常应用爆破作用指数 n，它是爆破漏斗半径 r 与最小抵抗线 W 的比值，即 $n=\frac{r}{W}$，而爆破作用半径也可表示成 $R=\sqrt{1+n^2}W$。

最小抵抗线方向是岩石爆破阻力最小的方向，也是爆破作用和破碎后岩块运动、抛掷的主导方向。当装药量一定时，从临界抵抗线开始，随着最小抵抗线的减少（或最小抵抗线一定，增加装药量），爆破漏斗半径增大，被破碎的岩石碎块一部分被抛出爆破漏斗外形成爆堆，另一部分被抛出后又回落到爆破漏斗坑内。回落后爆破漏斗坑的最大可见深度 H 称为爆破漏斗可见深度，其值可用下式估算：

$$H = CW(2n - 1)$$

式中 C——爆破介质影响系数。对于岩石，取 $C = 0.33$；对于黏土，取 $C=0.45$。

5.1.3 爆破漏斗的基本形式

根据爆破作用指数 n 值的大小，爆破漏斗有如下四种基本形式：

（1）标准抛掷爆破漏斗（见图 5.2（a））。$r=W$，即爆破作用指数 $n=1$，此时漏斗展开角 $\theta=90°$，形成标准抛掷漏斗。在确定不同种类岩石的单位炸药消耗量时，或者确定和比较不同炸药的爆炸性能时，往往用标准爆破漏斗的容积作为检查的依据。

（2）加强抛掷爆破漏斗（见图 5.2（b））。$r>W$，即爆破作用指数 $n>1$，漏斗展开角 $\theta>90°$。当 $n>3$ 时，爆破漏斗的有效破坏范围并不随炸药量的增加而明显增大。实际上，这时炸药的能量主要消耗在岩块的抛掷上，因此，$n>3$ 已无实际意义。所以，爆破工程中加强抛掷爆破漏斗的作用指数为 $1<n<3$。这是露天抛掷大爆破或定向抛掷爆破常用的形式。根据爆破具体要求，一般情况下，$n=1.2\sim2.5$。

（3）减弱抛掷爆破（加强松动）漏斗（见图 5.2（c））。$r<W$，即爆破作用指数 $n<1$，但大于 0.75，即 $0.75<n<1$，成为减弱抛掷漏斗（又称加强松动漏斗）。它是井巷掘进常用的爆破漏斗形式。

（4）松动爆破漏斗（见图 5.2（d））。爆破漏斗内的岩石被破坏、松动，但并不抛出坑外，不形成可见的爆破漏斗坑。此时 $n\approx0.75$。它是控制爆破常用的形式。当 $n<0.75$ 时，不形成从药包中心到地表面的连续破坏，即不形成爆破漏斗。

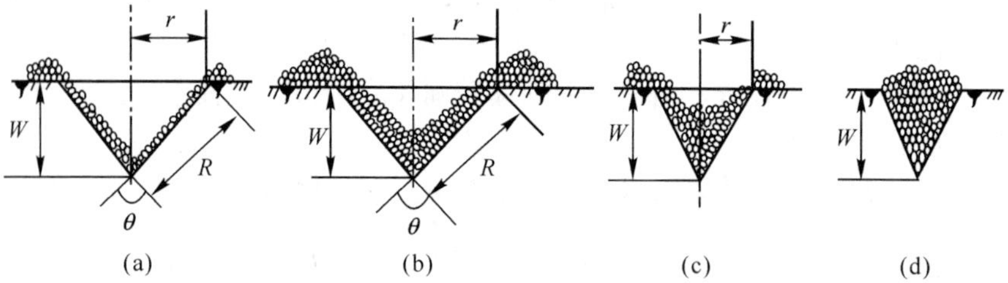

图 5.2　爆破漏斗四种基本形式

5.1.4　柱状装药的爆破漏斗

球状装药属集中装药。当装药长度大于装药直径的 6 倍时，称为条形装药或延长装药。柱状装药就是延长装药。一般炮孔装药都属于柱状装药。

5.1.4.1　柱状装药垂直于自由面

柱状装药垂直于自由面时，由于炸药爆炸对岩石的施压方向和冲击波的传播方向与球状装药不同，爆破时受到岩石的夹制作用较强，形成爆破漏斗要困难些，但一般仍能形成倒圆锥形的漏斗。为分析此种装药条件下爆破漏斗的形成，可把柱状装药看作是若干个小的球状集中药包。如图 5.3 所示，最接近眼口的几段，由于抵抗线小，具有加强抛掷的作用；接近眼底的几段，由于抵抗线大，可能只有松动作用；炮孔最底部的几段甚至不能形成爆破漏斗。总的漏斗坑形状就是这些漏斗的外部轮廓线，大致是喇叭形。眼底破坏少，爆后留有残孔。

5.1.4.2 柱状装药平行于自由面

装药平行于自由面时，通常存在两个自由面，应力波在两个自由面上都能产生反射，也都能产生从自由面向药包中心的拉断破坏，因此爆破效果要比垂直自由面时好得多，如图 5.3 和图 5.4 所示，图中的 L_0 为炮孔深度。

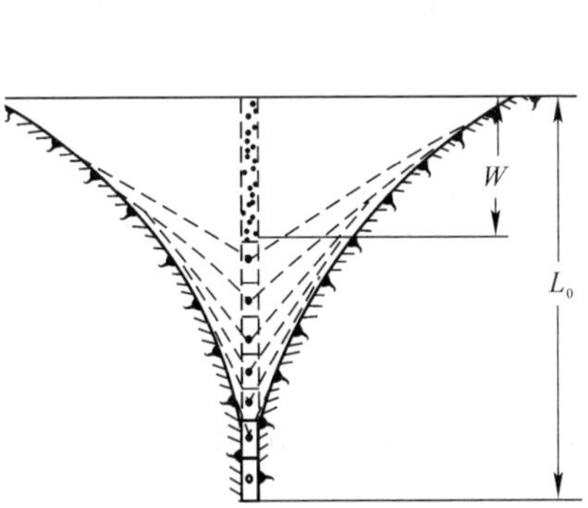

图 5.3 装药垂直自由面的爆破漏斗

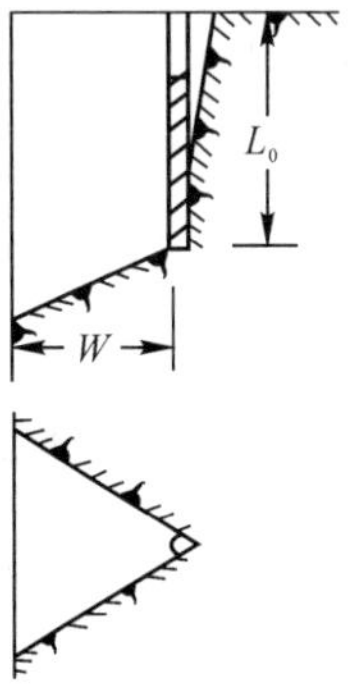

图 5.4 装药平行自由面的爆破漏斗

5.1.4.3 柱状装药松动爆破漏斗抵抗线

松动爆破漏斗体积为：

$$V_L = r_L W L_b = n_L W^2 L_b$$

最小抵抗线 W 与临界抵抗线 W_c（此时临界抵抗线等于松动爆破作用半径）的关系为下式所示：

$$W = \frac{W_c}{\sqrt{1 + n_L^2}}$$

$$V_L = W_c^2 L_b \frac{n_L}{1 + n_L^2}$$

上式表明，当装药一定时（即 W_c、L_b 一定），柱状装药形成松动漏斗的体积 V_L 是松动爆破作用指数 n_L 的函数，运用数学函数求极值的方法求得松动漏斗体积最大时的松动爆破作用指数为 $n_L = 1$。将其代入上式可求得松动漏斗体积最大时的装药最优抵抗线为：

$$W_0 = \frac{\sqrt{2}}{2} W_c \approx 0.7 W_c$$

5.1.5　多个装药同时爆破时的爆破漏斗

5.1.5.1　两个相邻装药同时爆破时中心连线上的受力特点

当两个相邻装药同时爆炸时，在中心连线上受到的应力将叠加而增大，岩石容易沿中心连线被切断。

(1) 准静应力场的叠加。当爆生气体较长时间保持在炮孔中时，膨胀压力使两炮孔连线上各点产生切向拉应力，如图 5.5 所示。由于炮孔的应力集中，产生的拉应力最大处在炮孔壁与连线相交点，因此裂缝首先产生在炮孔壁，然后向炮孔连线上发展，使岩石沿两炮孔中心连线断裂。

图 5.5　相邻炮孔同时爆破时中心连线上拉应力集中区分布示意图

中心连线中点的外部则由于应力叠加产生抵消作用，形成应力降低区，从而增大了爆破块度。如图 5.6 所示。

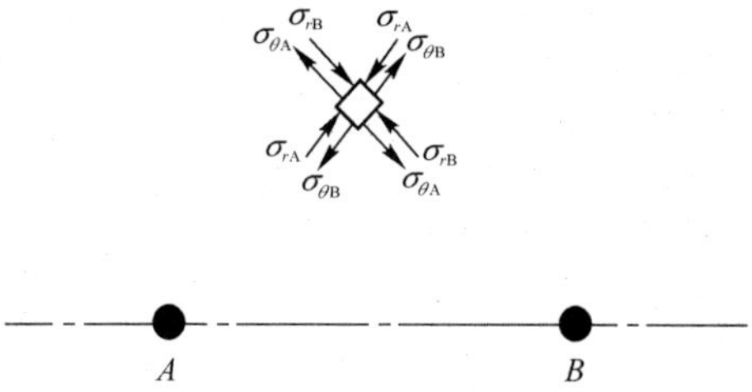

图 5.6　相邻炮孔同时爆破时应力降低区示意图

(2) 应力波的叠加。如果按应力波叠加来考虑，那么当两孔的爆炸压缩应力波在炮孔连线中点相遇时，在连线方向的压应力叠加，而其切向的拉应力也将叠加，沿连线产生裂隙。如图 5.7 所示。

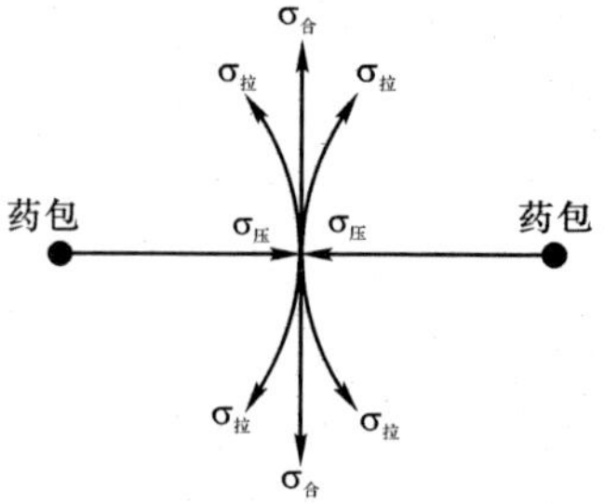

图 5.7　相邻炮孔同时爆破时压应力叠加示意图

当压缩应力波遇自由面反射后，反射拉伸波的叠加，也将使两装药连线上的拉应力增大，使得两装药连线处容易被拉断。如图 5.8 所示，若横波波速与纵波波速之比为 0.6，则 *A* 点叠加后的拉应力值将是单一装药爆炸时反射拉伸波拉应力值的 1.88 倍，图中 *B* 和 *C* 分别为两相邻装药。

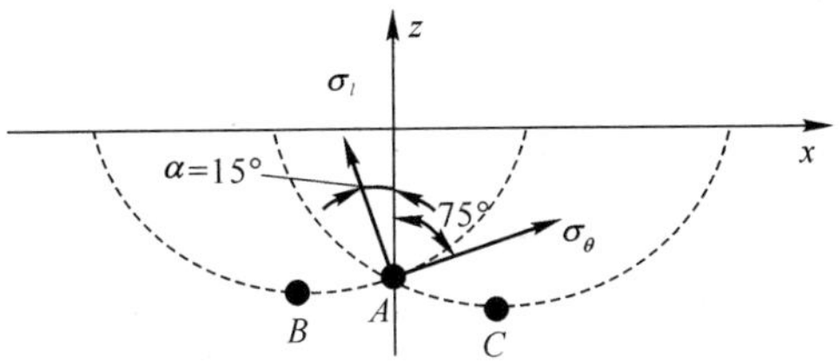

图 5.8 相邻炮孔同时爆破时反射拉伸波叠加示意图

从模拟爆破实验的高速摄影观测可以清楚地看到相邻炮孔沿中心连线断裂的情况，通常都是裂损从两炮孔处开始，向连线中间发展。

5.1.5.2 相邻装药的装药密集系数对爆破漏斗的影响

相邻两装药孔的间距 a 与最小抵抗线 W 的比值称为装药密集系数 m，$m=\dfrac{A}{W}$。

从实践经验中得出（见图 5.9）：

当 $m>2$ 时（即 $a>2W$），炮孔间距 a 过大，两装药孔各自形成单独的爆破漏斗；

当 $m=2$ 时，两装药孔各自形成的爆破漏斗刚好相连（假设为标准漏斗）；

当 $1<m<2$ 时，两装药孔合成一个爆破漏斗，但往往两装药孔之间底部破碎不够充分；

当 $m=0.8\sim1$ 时，两装药孔爆破后合成一个爆破漏斗，底部平坦，此时漏斗体积最大；

当 $m<0.8$ 时，两装药孔距离过近，大部分能量用于抛掷岩石，漏斗体积反而减小。

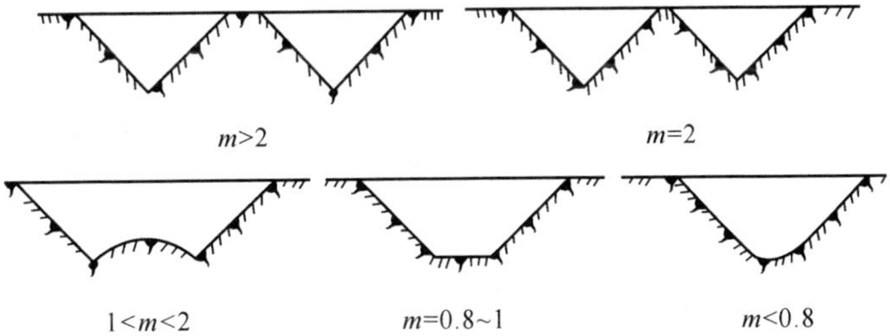

图 5.9 装药密集系数 m 对爆破漏斗形成的影响示意图

5.2 利文斯顿爆破漏斗理论

5.2.1 利文斯顿爆破漏斗理论的实质

利文斯顿在各种岩石、不同炸药量、不同埋深的爆破漏斗试验的基础上，论证了炸药爆炸能量分配给药包周围岩石以及地表外空气的几种方式，提出以能量平衡为准则的岩石爆破破碎的爆破漏斗理论。所以，爆破漏斗理论又称能量平衡理论。

利文斯顿认为，炸药在岩体内爆破时，传递给岩石爆破能量的多少和速度的快慢，取决于岩石性质、炸药性能、药包质量、炸药埋置深度、位置和起爆方式等因素。当岩石条件一定时，爆破能量的多少取决于炸药质量，爆炸能量的释放速度与炸药起爆的速度密切相关。炸药能量释放后，主要消耗在以下四个方面：（1）岩石的弹性变形；（2）岩石的破碎和破裂；（3）岩石的抛掷；（4）空气冲击波和对气体做功。而炸药能量在以上四个方面的分配比例，又取决于炸药的埋置深度。

当埋置深度 W 比较大时，炸药的能量被岩石完全吸收，消耗于岩石的弹性变形和破碎两项；若减小埋置深度 W，岩石此两项所吸收的能量将达到饱和状态，这时岩体地面开始隆起，甚至破裂的岩石被抛掷出去。岩石中弹性变形能和破碎能达到饱和状态时的埋置深度称为临界深度 L_c，此时炸药量与埋置深度有如下关系：

$$L_c = E_b Q^{\frac{1}{3}}$$

式中　L_c——临界埋置深度，m；

E_b——变形能系数，$m/kg^{1/3}$；

Q——装药量，kg。

利文斯顿从能量的观点出发，阐明了岩石变形能系数 E_b 的物理意义。他认为，在一定炸药量的条件下，地表岩石开始破裂时，岩石可能吸收的最大能量即为 E_b。超过其能量限度，岩石将由弹性变形变为破裂，因此 E_b 的大小是衡量岩石可爆性难易的一个指标。

若继续减小埋置深度 W，这时炸药爆炸释放的能量传给岩石的比例减少，而传给空气的比例相对增加，即将有一部分能量用于抛掷岩石和形成空气冲击波或对空气做功，在自由面处形成爆破漏斗。当埋置深度减小到某一深度时，形成的爆破漏斗体积最大，此时的埋置深度称为最佳埋置深度 W_0。此时，炸药爆炸能量消耗于岩石的比例最大，破碎率最高，而消耗于岩石抛掷及形成空气冲击波的比例较小，因此，爆破能量的有效利用率最高。

如果药包埋置深度不变，而改变炸药量，则爆破效果与上述能量释放和吸收的平衡关系是一致的。为便于比较和计算，把埋置深度 W 与临界深度 L_c 之比称为深度比 $\Delta\left(\Delta = \dfrac{W}{L_c}\right)$，最佳深度比为 $\Delta_0\left(\Delta_0 = \dfrac{W_0}{L_c}\right)$，因此有 $L_c = \Delta_0 E_b Q^{\frac{1}{3}}$。

在实际的岩石爆破中，可以通过改变埋置深度，也就是改变最小抵抗线，来调整或平衡炸药爆炸能量的分配比例，实现最佳的爆破效果。

实际应用中，只要通过实验求出岩石的变形能系数 E_0 和最佳深度比 Δ_0，就可做出合理装药量和埋置深度的计算。

为便于分析，常采用比例爆破漏斗体积 $\frac{V}{Q}$（单位药量的爆破漏斗体积）、比例埋置深度 $\frac{W}{Q^{\frac{1}{3}}}$、比例爆破漏斗半径 $\frac{r}{Q^{\frac{1}{3}}}$ 和深度比 Δ 为研究对象。

5.2.2　爆破漏斗特性

利文斯顿提出了以能量平衡为准则的爆破漏斗理论之后，国外一些学者做了大量的工作。他们从实验室到生产现场的试验和应用，对不同性能炸药、药量、药包形式、埋深和难爆易爆岩石等不同条件进行了对比试验，用爆破漏斗特性曲线进一步确定了爆破漏斗的理论性和科学性，并证明了不同条件下爆破漏斗特性比较一致的爆破规律。

图 5.10 为花岗岩中用含铝铵油炸药时得到的爆破漏斗试验曲线，纵坐标 V 为爆破漏斗体积（m^3），横坐标为炸药埋置深度 W（m）。图 5.11 为铁燧石的爆破漏斗试验曲线，纵坐标为比例爆破漏斗体积 $\frac{V}{Q}$（m^3/kg），横坐标为深度比 $\frac{W}{\sqrt[3]{Q}}$（$m/kg^{\frac{1}{3}}$），所采用炸药为浆状炸药，从曲线中可以看出最佳深度比为 0.58。

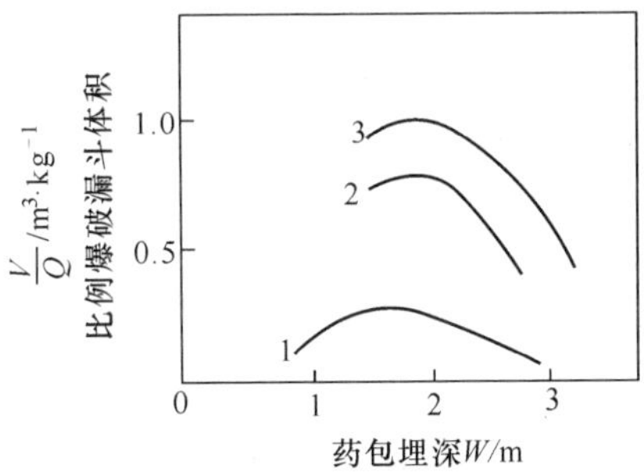

图 5.10　不同炸药的花岗岩爆破漏斗特性曲线示意图

1—铵油炸药；2—浆状炸药；3—含铝浆状炸药

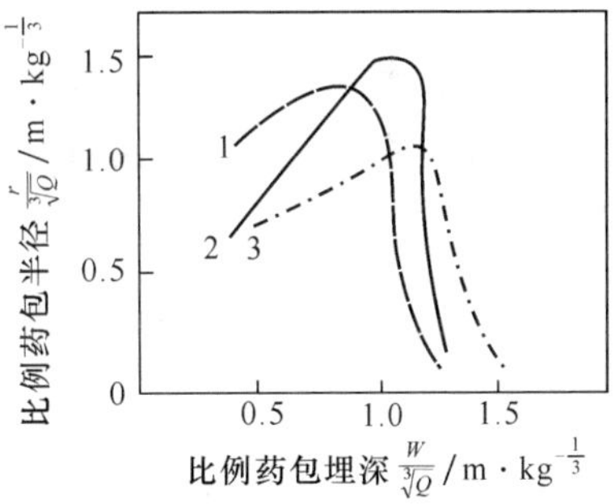

图 5.11　不同岩石的爆破漏斗特性曲线示意图

1—花岗岩；2—砂岩；3—泥土岩

5.2.3　利文斯顿爆破漏斗理论的实际应用

爆破漏斗试验是利文斯顿爆破理论的基础。首先，根据爆破漏斗试验的有关数据可以合理选择爆破参数，提高爆破效率；其次，对不同成分的炸药进行爆破漏斗试验和对比分析，可为选用炸药提供依据，如图 5.10 所示。另外，利文斯顿的变形能系数还可以作为岩石可爆性分级的参考判据，如图5.11所示。

5.2.3.1 对比炸药的性能

根据利文斯顿爆破漏斗理论的基本公式，在同一种岩石中，炸药量一定，但炸药品种不同，进行爆破漏斗试验时，炸药威力大者，传给岩石的能量高，则其临界埋深 L_c 值比较大；反之，炸药威力小者，其临界埋深也小。由于 L_c 值的不同，E_b 值也就不一样，因此可以对比各种不同品种炸药的爆炸性能。

5.2.3.2 评价岩石的可爆性

在选定炸药品种、炸药量为常数时，据炸药的临界埋深 L_c 可求出不同岩石种类中该种岩石变形能系数 E_b，即当 $Q=1$ 时，可认为单位质量的炸药（如1kg）的弹性变形能系数 E 在数值上就等于临界埋深 L_c。爆破坚韧性岩石，1kg炸药爆破的 L_c 值必然小，弹性变形能系数 E_b 也较小，说明消耗能量大，岩石难爆；爆破非坚韧性岩石，单位药量的临界埋深 W_c 必然较大，弹性变形能系数 E_b 值也较大，表明吸收的能量小，故岩石易爆。所以，可以用岩石弹性变形能系数 E_b 作为对比岩石可爆性的判据。

5.3 单位装药量计算

5.3.1 爆破漏斗体积与漏斗半径的测量

爆破后，按相同的网度测量漏斗轮廓线距基准面的距离。求出测点的爆破深度，然后按辛卜生法计算出漏斗各断面的面积 S_i，最后按棱台体求得各漏斗的体积 V。

$$V=\frac{B}{3}\left[(S_1+S_n)+2(S_1+S_2+\cdots+S_n)+\sum_{i=1}^{n}\sqrt{S_iS_{i+1}}\right]$$

爆破后，扣除漏斗口周围岩石片落部分，圈定漏斗口的边界，然后以炮孔为中心，每隔45°角量取漏斗半径，取其8个测量值得平均值，再求出漏斗半径 R_i 作为本次爆破实验的漏斗半径。

5.3.2 集中药包装药量计算（体积近似法则）

单位装药量的计算没有精确的计算公式，只有经验公式，最常用的是体积公式。体积公式的原理为：装药量的大小与岩石对爆破作用力的抵抗程度成正比。这种抵抗力就是重力，实际上就是被爆破岩石体积。

$$Q=qV$$

式中 Q——装药量，kg；

q——单位体积用药量，kg/m^3；

V——爆破漏斗体积，m^3：

$$V = \frac{1}{3}\pi r^2 W$$

形成爆破漏斗时：

W——最小抵抗线，m；

r——漏斗底圆半径，m。

如果为标准抛掷漏斗，$r=W$，则：

$$V = \frac{1}{3}\pi r W^3 \approx W^3$$

要获得爆破作用指数不同的爆破漏斗，装药量可视为爆破作用指数的几何函数：

$$Q = kW^3 f(n)$$

当 $f(n) > 1$ 时，为加强抛掷爆破；

当 $f(n) = 1$ 时，为标准抛掷爆破；

当 $f(n) < 1$ 时，为减弱抛掷爆破。

苏联鲍列斯阔夫的公式：

$$f(n) = 0.4 + 0.6n^3$$

即

$$Q = kW^3 f(n) = kW^3(0.4 + 0.6n^3)$$

此式即为加强抛掷爆破装药量计算公式。

对于松动爆破装药量，更适用的公式为：

$$Q = (0.33, \cdots, 0.55)kW^3$$

6 复杂环境条件路堑爆破设计及施工

随着爆区周边环境越来越复杂多样，爆破设计、施工人员必须根据具体的现场环境条件，综合分析爆炸参数的安全可靠性。

6.1 相关爆破参数的影响

6.1.1 炮孔直径

炮孔直径对复杂环境条件路堑爆破振动的影响也是一个不可忽视的因素。

爆破时，不同孔径的炮孔，即使爆破的药量相同，由于场地系数和衰减指数的不同，大炮孔直径的爆破振动强度仍然是较大的。现场试验实验表明，孔径310mm的炮孔的振速相比孔径250mm的炮孔的振速，在垂直方向大24%～44%，水平径向大27%左右；250mm炮孔的振速比170～200mm振速平均大50%左右。

经现场实践，复杂环境条件下路堑爆破采取炮孔直径 $D=70\text{mm}\sim90\text{mm}$，有利于控制爆破振动。

6.1.2 抵抗线

由爆破理论可知，减小最小抵抗线，使炸药爆炸能在较短时间内得以释放，能量中有更多部分形成空气冲击波，转化为爆破振动波的能量相对减少，振动强度随之减弱。根据多年来对爆破的相关研究，最小抵抗线方向的振动波速最小，相反方向则最大。当抵抗线较大时，爆破作用不能破坏自由面附近岩体，则向最小抵抗线方向传播的应力波反射后与原有的应力波叠加，从而增加了自由面相反方向的爆破振动振幅。研究发现：爆破作用指数 $n=1.5$ 的抛掷爆破比作用指数 $n=0.81$ 的加强松动爆破的振动强度平均降低4%～22%。根据应力波传播理论，当抵抗线较小时，在抵抗线小的一侧形成破碎带，向最小抵抗线方向传播的应力波转化为破碎岩体的能量，很难再反射回来增加爆破振动强度。

复杂环境条件路堑爆破的最小抵抗线方向除了要避开周边建（构）筑物，还要根据条件选择适合的抵抗线大小。以 $D=90\text{mm}$ 孔径为例，现场可取 $W=1.5\text{m}$。

抵抗线的计算有以下几种经验公式选择。

（1）根据钻孔作业的安全条件计算抵抗线。

$$W_1 = H\cot\alpha + B$$

式中 W_1——底盘抵抗线，m；

H——台阶高度，m；

α——台阶坡面角，一般为60°~75°；

B——从钻孔中心至坡顶线的安全距离，对大型钻孔 $B \geqslant 2.5 \sim 3.0$m。

（2）按台阶高度计算抵抗线。

$$W_1 = (0.6 \sim 0.9)H$$

（3）H. B. 迈利尼科夫公式。在满足所确定的炸药单位耗药量的条件下，按炮孔装药量应等于爆破的岩石体积所需药量的原理导出 H. B. 迈利尼科夫公式：

$$W_1 = \frac{-q_1(K-\rho) + \sqrt{q_1^2(K-\rho)^2 + 4qmq_1H^2}}{2qmH}$$

式中 q——单位炸药消耗量，kg/m³；

q_1——每米炮孔装药量，kg/m；

K——堵塞系数，$K = \dfrac{l_2}{W_1} \geqslant 0.75$；

l_2——堵塞长度，m；

m——钻孔密集系数，$m = \dfrac{a}{W_1} \leqslant 1.3$；

a——钻孔间距，m；

ρ——超深系数，$\rho = 0.15 \sim 0.35$。

其余符号意义同前。

（4）按炮孔孔径计算抵抗线。根据调查，我国露天深孔爆破的底盘抵抗线一般为孔径的20~50倍。采用清碴和压碴爆破的 W_1/D 比值如表6.1所示。

表6.1 清碴和压碴爆破的 W_1/D 比值

孔径/mm	清碴爆破	压碴爆破
200	30~50	22.5~37.5
250	24~48	20~48
310	33.5~42	19.5~30.5

以上说明，底盘抵抗线受许多因素影响，变动范围较大，除了要考虑前述的一些条件外，控制坡面角是调整底盘抵抗线的有效途径。此外，尚可通过爆破漏斗与半工业试验，获得具体矿岩条件与使用较匹配的炸药情况下的最佳底盘抵抗线。

6.2　孔网参数设计

6.2.1　设计原理

首先，计算钻孔周围岩体中的质点峰值振动速度的分布；其次，在爆破施工区域，试验并测量爆破振动速度场及相应的爆破损伤范围，可确定不同爆破质点峰值振动速度值对应的爆破损伤影响程度；最后，确定爆破损伤的质点峰值振动速度经验判据后，根据实际质点峰值振动速度幅值预测爆破损伤影响范围。

如图 6.1 所示，确定最靠近现有铁路路基边坡的炮孔（缓冲孔）位置以及“需谨慎作业的爆破区域”。炮孔的布置根据各排炮孔引起的质点峰值振动速度不至于对保留区域岩体造成损伤来确定，损伤程度根据不对保护建构筑物造成影响来确定。

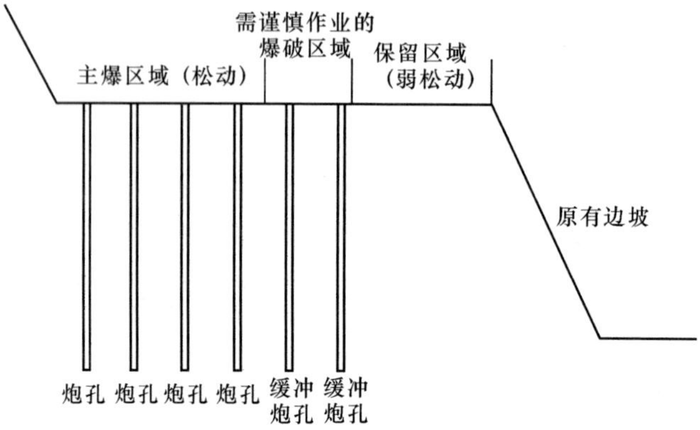

图 6.1　开挖设计示意

6.2.2　岩石损伤的质点峰值振动速度判据

在上节提到的建（构）筑物质点振动峰值允许限定的基础上，在复杂环境条件路堑爆破孔网参数设计时，需要增加考虑对路堑边坡保留岩体控制爆炸应力波叠加损伤的问题。判据标准如表 6.2 和表 6.3 所示。

表 6.2　岩石损伤的质点峰值振动速度临界值

质点峰值振动速度/$cm \cdot s^{-1}$	岩体损伤效果
<25	完整岩石不会致裂
25~63.5	产生轻微拉伸层裂
63.5~254	严重拉伸裂缝及一些径向裂缝的产生
>254	岩体完全破碎

表 6.3 坡脚振速控制标准（长沙矿冶研究院）

分类号	边坡稳定情况	坡脚允许振速/$cm \cdot s^{-1}$
Ⅰ	稳定	35~45
Ⅱ	较稳定	28~35
Ⅲ	不稳定	22~28

6.2.3 岩石质点峰值振动速度衰减规律

对于台阶爆破有：

$$v = K\left\{q\int_{l_t}^{l}\frac{dl_e}{[R^2+(l_e-l_b)]^{\frac{\beta}{2\alpha}}}\right\}^{\alpha}$$

式中 v——峰值质点振动速度，cm/s；

q——炸药单耗，kg/m^3；

K，α——同第 3.2.3 节，为地质影响系数，取值见表 3.1；

β——修正衰减参数；

l——孔深，m；

l_t——填塞长度，m；

l_e——装药高度，m；

l_b——单个药包长度，m；

R——爆心距，m。

6.2.4 基于保留区域质点峰值振动速度安全判据

基于保留区域质点峰值振动速度公式：

$$\sigma = \rho C_p v$$

式中 σ——应力，MPa；

ρ——岩石密度，g/cm^3；

C_p——岩体的纵波传播速度，m/s；

v——质点峰值振动速度，cm/s。

对于实际的岩体而言，决定其是否在开挖过程发生爆破损伤的主要强度指标为岩体的动抗拉强度，所以上式可变形为：

$$v = \frac{\sigma}{\rho C_p}$$

6.2.5 基于路堑混凝土护坡爆破损伤控制的爆破参数校核

爆破孔网参数及装药参数确定中需要满足的控制条件为：各类炮孔的设计均

以不能对路堑爆破周边新浇混凝土护坡等构筑物产生损伤为原则。根据确定的爆破损伤质点峰值振动速度经验，判据和预测的混凝土护坡中，质点峰值振动速度可以检验设计爆破孔网参数和装药结构的合理性，即保证计算得到的质点峰值振动速度小于经验判据，如下式（置信率为 84%）所示：

$$v = 644\left(\frac{R}{\sqrt{Q}}\right)^{-1.22} \leqslant [PPV]$$

式中　v——峰值质点振动速度，cm/s；

Q——最大段装药量，kg；

R——爆心距，m；

PPV——保留岩体的爆破损伤质点峰值振动速度经验判据。

6.3　炸药量计算

复杂环境条件路堑爆破的炸药单耗的确定，要考虑被爆岩块的抛掷移动距离。在施工现场的环境条件、岩石条件和炸药性能是各不相同的，为了达到预期安全、高效的爆破效果，需要综合考虑影响炸药量的因素。

6.3.1　影响爆破作用的因素

影响爆破作用的因素很多，主要包括炸药性能的影响、岩石中炸药能量传递效率的影响和爆破施工的影响。

6.3.1.1　炸药的性能对爆破作用的影响

（1）炸药能量利用率。即对岩石损伤的破坏程度，包括未破碎但内部有损伤的微裂隙。

（2）爆轰压力。用于激起岩石中的冲击波。爆轰压力越高，用于生成冲击波的能量也越高，对岩石破碎效果也越好。爆轰压力太高也不好，因为其可加大粉碎区域。

（3）爆炸压力（气体产物压力）。爆炸压力是爆轰完成后作用在岩石中的压力，作用时间越长，对岩石特别是软岩的破碎效果越好。

6.3.1.2　能量的传递效率

（1）波阻抗相匹配。炸药和被爆岩体波阻抗接近，可减少爆炸应力波在孔壁反射，增加向岩石中的能量传递。

（2）不耦合装药。药柱与孔壁之间有一定间隙，可将能量贮存于空气中，减缓初始压力，延长作用时间。

1）不耦合的两种情况：①轴向间隙；②环向间隙。

2）不耦合介质：①空气；②水介质。

3）不耦合的优点：①降低大块；②降低单耗；③保护孔壁。

6.3.1.3 爆破因素

（1）堵塞的影响。要有良好的堵塞，才能获得较好的效果。不能无堵塞爆破。

（2）起爆顺序的影响。

（3）起爆药包位置的影响。

6.3.2 按照岩石坚固性系数 *f* 选择炸药单耗

可以按表 6.4 选取单位炸药消耗量。该表数据以硝铵炸药为参考。

表 6.4 单位炸药消耗量 *q* 值表

岩石坚固性系数 f	0.8~2	3~4	5	6	8	10	12	14	16	20
q 值/$kg \cdot m^{-3}$	0.40	0.43	0.46	0.50	0.53	0.56	0.60	0.64	0.67	0.70

确定台阶深孔爆破参数，可以通过实验室内模型试验、现场半工业试验或在生产实践中不断摸索，使各项参数逐步接近优化，以达到良好的爆破效果。

6.3.3 计算装药量

6.3.3.1 体积近似法则

条形药包装药量计算公式（体积近似法则）：

$$Q = qV$$

式中 q——单位炸药消耗量，kg/m^3；

V——炮孔内装药量所承担爆破岩石体积，m^3：

$$V = a \times b \times H$$

a——孔距，m；

b——排距，m；

H——台阶高度，m。

6.3.3.2 按照影响系数计算装药量

公式为：

$$Q = K_1 \times K_2 \times K_3 \times K_4 \times Q_0$$

式中 Q——设计炸药单耗，kg/cm^3；

K_1——岩体风化破碎程度对炸药单耗的影响系数，参数选取可参考表 6.5；

K_2——炸药性能对炸药单耗的影响系数，参数选取可参考表 6.6；

K_3——爆破施工条件对炸药单耗的影响系数，一般取 0.9～1.1；

K_4——爆破效果要求对炸药单耗的影响系数，一般取 1.3～1.6；

Q_0——炸药单耗基数。

表 6.5　风化程度影响系数 K_1 经验取值

风化程度	全风化岩		强风化岩		弱风化岩		微风化岩		新鲜岩	
平均裂隙间距/m	0.1 以下	0.1	0.3	0.5	0.6	0.8	1	1.3	1.5	1.5 以上
影响系数 K_1	0.4	0.5	0.7	0.8	0.9	1	1.2	1.4	1.6	1.8

表 6.6　炸药性能影响系数 K_2 经验取值

炸药类型	现场混装炸药			包装炸药（2 号岩石型）			
	乳化炸药	多孔粒状铵油炸药	重铵油炸药（乳化：铵油=8：2）	乳化炸药	膨化硝铵炸药	改性铵油炸药	粉状乳化炸药
影响系数 K_2	1.14～1.22	1.0	1.11	1.04	0.95	0.95	0.89

6.4　分段装药

6.4.1　减振作用

复杂环境条件路堑爆破施工需要采取分段装药、间隔填塞（如图 6.2 所示），由于孔内分段药柱之间存在的起爆延时，进一步把炮孔内的药量分散起爆，使各延期段所产生的地震波的峰值降低，减弱爆破振动。

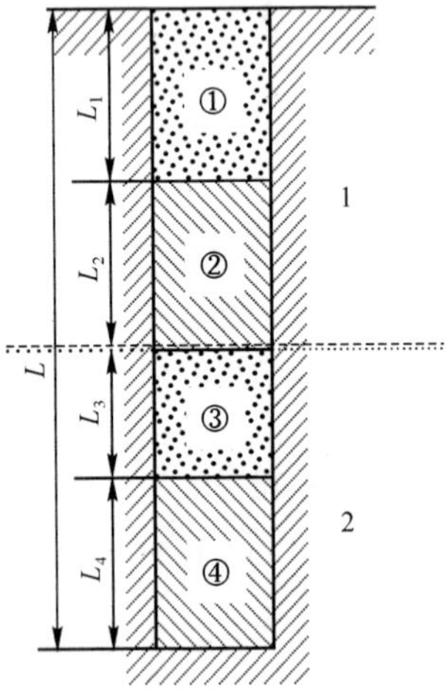

图 6.2　分段装药、间隔填塞示意图

L_1，L_3——填塞段长度；L_2，L_4——孔内药柱长度；L——孔深

1，2——每一个药柱和填塞的区域

复杂环境条件路堑爆破施工分段装药、间隔填塞，与一般爆破不同的是需要考虑每一个分段部分的炸药单耗，图中②、④所示的孔内装药量需要进行分别验算，使用巴伦公式：

$$Q_1 = \pi\left(\frac{D}{2}\right)^2 L\Delta$$

$$Q_2 = abHq$$

当

$$Q_1 = Q_2$$

得到：

$$q = \frac{\pi\left(\frac{D}{2}\right)^2 L\Delta}{abH}$$

式中 Q_1——孔内最大装药量，kg；

Q_2——爆破炮孔承担岩石体积所需装药量，kg；

L——孔深，m；

H——路堑开挖高度（单层开挖）或者分层高度（多层开挖），m；

Δ——装药密度，g/cm^3；

a——孔间距，m；

b——排间距，m。

其中，孔深 $L=H+H_1=L_1+L_2+L_3+L_4$，H_1 为钻孔超深。复杂环境条件路堑爆破施工 L_1、L_3 要满足条件 $L_1+L_3 \geqslant 40D$。

代入 L_1、L_2、L_3、L_4，可得整体炮孔、②、④所示的孔内装药单耗：

$$q = \frac{\pi\left(\frac{D}{2}\right)^2 (L_2 + L_4)\cdot\Delta}{a\cdot b(L - H_1)}$$

$$q_2 = \frac{\pi\left(\frac{D}{2}\right)^2 L_2\cdot\Delta}{a\cdot b(L_1 + L_2)}$$

$$q_4 = \frac{\pi\left(\frac{D}{2}\right)^2 L_4\cdot\Delta}{a\cdot b\cdot(L_3 + L_4)}$$

复杂环境条件路堑爆破设计时，可通过上式限定 L_1、L_2、L_3、L_4、q、q_1、q_2，进一步降低爆破振动。

6.4.2 减少抛掷距离

复杂环境条件路堑爆破施工分段装药、间隔填塞，爆孔内的分段药柱采取毫秒级的间隔时间，先爆的下分段药柱 L_4 起爆后，爆破漏斗内的破碎岩石起飞尚未回落时，后爆的上分段药柱 L_2 在先爆下分段药柱 L_4 的“岩块幕中”起爆，增加爆破过程炮孔 1、2 区域中岩块的碰撞。碰撞破碎过程中，岩石中的动能降低，导致抛距减少，爆堆集中。

碰撞岩块覆盖，使后爆上分段药柱 L_2 的爆生气体不易逸散到大气中，更多爆生气体准静态压力被消耗在扩张应力波裂缝，减少贯穿裂缝后抛掷岩块的压力，进一步减少岩块抛掷距离，集中爆堆。

6.4.3　分段药柱间的延期

复杂环境条件路堑爆破施工爆孔内的分段药柱的起爆间隔时间是爆炸应力波传播时间和爆生气体扩散时间相加的结果，它们的计算过程如下：

（1）孔内分段药柱爆炸应力波传播时间。先爆的下分段药柱 L_4 和后爆上分段药柱 L_2，两者相距为 L_3。假设孔内炸药爆破速度为 v，应力波在矿岩内传播速度为 c，先爆的下分段药柱 L_4 先起爆时，应力波传至自由面再反射至 L_3 的时间为 t_1，而上分段药柱 L_2 被引爆后，应力波传至自由面再反射至 L_3 的时间为 t_2。对于 L_3，两者反射拉伸波到达时差是：

$$t_1 - t_2 = \left(\frac{L_3}{c} - \frac{L_3}{v}\right)$$

（2）孔内分段药柱爆生气体扩散时间。爆生气体在周围岩体中形成裂隙的时间即岩石开始破裂的时间，可用下式表示：

$$t = 2\left(k + \sqrt{1 + \frac{c^2}{v}}\right) W/c$$

式中　t——岩石开始破裂时间，s；

k——与岩石泊松比 μ 有关的系数，当 $\mu = 0.1 \sim 0.2$ 时，$k = 1.6 \sim 1.8$，$\mu = 0.2 \sim 0.3$ 时，$k = 1.8 \sim 2.1$；

c——岩石中的纵波速度，m/s；

v——炸药的爆速，m/s；

W——最小抵抗线，m。

6.5　缓冲爆破

6.5.1　原理

缓冲爆破从实质上来说，类似于正常的台阶生产爆破，区别在于缓冲爆破孔因为考虑振动等原因而比正常孔的装药药量和孔排距都有所减少。缓冲爆破是在保证爆破效果的前提下，沿着设计的最终境界线打一排或几排能保证破碎岩石但对基岩振动和损伤较小的加密炮孔，通过减小爆破孔网参数和单孔药量的方法，利用不耦合装药结构和毫秒微差雷管进行逐孔起爆的技术。起爆顺序在主爆孔起爆后，使得边坡的振动强度仅受最后一排缓冲孔药量的控制，以此来减弱爆破荷载的作用范围，达到控制爆破后冲和振动效应，减少边坡岩体的损伤，维护边坡保留岩体的稳定。

6.5.2 缓冲孔药量

在复杂环境条件路堑爆破现场，缓冲孔孔径、孔深一般选择和主爆孔一致。根据经验，缓冲孔装药量是主爆孔装药量的35%~40%。

6.5.3 缓冲孔排间距的确定

缓冲孔排间距的确定经验如下：

（1）复杂环境条件路堑爆破缓冲孔的孔间距，一般为主爆孔孔距的0.5~0.7。

（2）缓冲孔与预裂孔（光面孔）的距离，一般为1.5~2.0m。

（3）缓冲孔与主爆孔的距离以抵抗线确定，抵抗线的计算方法主要有体积法、根据作业安全条件计算、按照钻孔直径计算和根据台阶高度计算四种方法。

在缓冲爆破设计时，一般利用体积法估算底盘抵抗线，计算公式为：

$$W = d\sqrt{\frac{7.85\Delta\tau L}{mqH}}$$

式中 d——炮孔直径，dm；

Δ——装药密度，g/cm^3；

L——孔深，m；

H——台阶高度，m；

τ——装药系数，当 $H = 10 \sim 15m$ 时，取0.5；

q——炸药单耗，kg/m^3；

m——炮孔密集系数，取1.0~1.2。

6.5.4 缓冲爆破装药结构

缓冲孔采取分段装药，底部集中装药，上分段药量为孔内装药量的$\frac{1}{3}$，间隔填塞1.5~2.0m，缓冲孔孔内上段装药采用n段、下段装药则采用$n+1$段孔内雷管分段起爆。如图6.3所示。

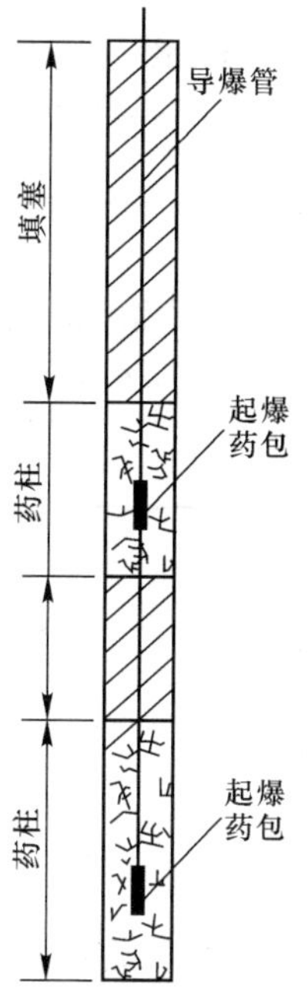

图6.3 缓冲孔装药结构示意图

6.6 起爆技术

6.6.1 逐孔起爆

逐孔起爆技术是微差爆破的发展。其作用原理如下：

(1) 应力波叠加作用。在逐孔爆破时，后爆药包较先爆药包延迟数十毫秒起爆，这样后爆药包在相邻先爆药包的应力振动作用下处于预应力的状态中（即应力波尚未消失）起爆的，两组深孔爆破产生的应力波相互叠加，可以加强破碎效果。

(2) 增强自由面作用。逐孔微差爆破后爆破孔的自由面由排间微差爆破的两个自由面增至3个自由面，后爆炮孔的最小抵抗线和爆破作用方向都有所改变，增多了入射压力波和反射拉伸波的反射，增强了岩石的破碎作用，并减少夹制角。

(3) 增加岩块相互碰撞作用。逐孔爆破由于所相邻的两孔都有微差时间，较排间微差爆破提供的补充破碎机会多，因而在碰撞破碎过程中，岩石中的动能降低，导致抛距减少，爆堆相对集中。

图6.4比较了三种起爆方式下炮孔的情况，可以看出，逐孔起爆形式下先爆炮孔为后爆炮孔多创造一个自由面，并且相邻爆炮孔相互碰撞、挤压，增强岩石二次破碎。

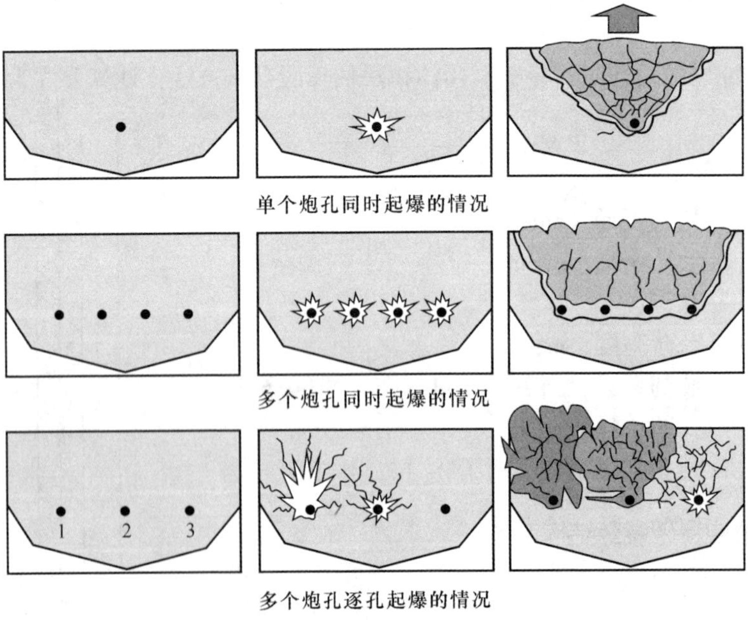

图6.4　三种起爆方式岩块运动比较

(4) 减小爆破振动。由于逐孔爆破显著减少了同时起爆的药量，因此爆破地震能量也在时间上和空间上加以分散，使地震强度大大降低。根据逐孔爆破的爆破振动分析，较排间微差爆破，爆破振动降低50%~80%。

逐孔起爆技术是通过孔内和地表延期时间的组合来共同完成的。地表起爆网路是由相对作业面爆破设计时，根据爆破效果要求选取炮孔的排和列，并针对炮孔的排和列分别计算得到的不同延期时间。

6.6.2 点燃阵面

点燃阵面是指在工程爆破中，当地表延时起爆网路正常引爆、爆轰波依次从炮孔的地表网路向前传播时，由炸药正在爆轰和孔内雷管延期体正在燃烧而尚未引爆的所有孔内雷管所形成的空间几何平面。点燃阵面的大小用点燃正面的宽度表示，它包括正在爆轰的炮孔以及延期体正在燃烧的炮孔所构成的炮孔排数。当网路引爆以后，爆破区域内的任何一个炮孔的雷管延期体均已被点燃而尚未爆轰，这时，点燃阵面内所有的雷管所构成的空间几何平面就称为完全点燃阵面，如图6.5所示。

在爆破网路设计过程中，考虑到点燃阵面时，未爆炮孔内的起爆系统就不会受到已爆炮孔的破坏，从而大大降低或避免爆破网路的拒爆概率，改善爆破效果。尤其对于毫秒延时误差比较大的雷管，在网路设计过程中注意考虑到雷管误差带来的不利影响，完全可以应用点燃阵面起爆网路实现大规模区域爆破。

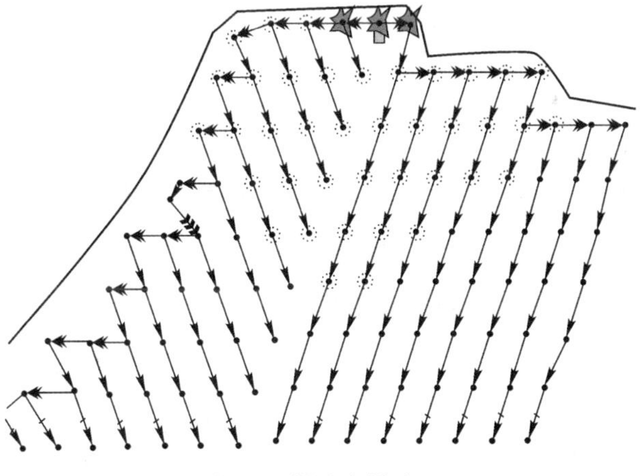

图6.5 爆破点燃阵面

（表示炮孔已被起爆；表示地表起爆网路已被起爆，但孔内雷管仍在延期之中）

在复杂环境条件下，拒爆会带来巨大的施工隐患。复杂环境条件路堑爆破设计必须要考虑起爆网路的可靠性，利用大段别起爆雷管实现孔内长延时。孔内延期采用地表延期时间4倍以上的导爆管雷管连接起爆药具实现，即孔内延时不少于4排地表起爆网路延时，点燃阵面超前于起爆炮孔至少4排炮孔，从而提高起爆网路可靠性，避免拒爆的发生。

6.6.3　最后排时间延长原则

复杂环境条件路堑爆破要求最大限度降振和尽可能少冲击爆破路基边坡坡面。经过现场大量的实践证明，采取起爆网路在最后一排来适当加大延期时间，即选择延期时间更长的延时雷管作为整个起爆网路每列最后一个孔的连接，如图6.6所示，可以进一步降低爆破振动有害效应，减少对路基边坡坡面的后冲。

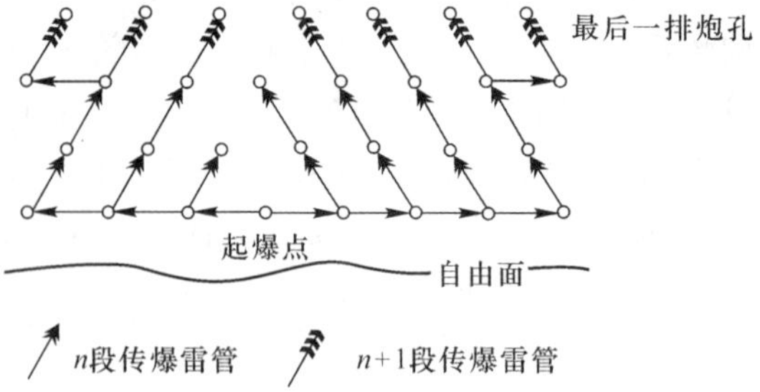

图6.6　最后排时间延长的连接

6.7　微差间隔时间确定

微差起爆的间隔时间，是一个十分重要的技术参数，也是一个涉及面较广的比较复杂的问题。因而，许多研究工作者都在探讨这一问题，从不同的角度出发，总结了许多研究成果。

合理的时间间隔，应以达到形成新自由面的时间最合理，破碎质量最佳，减震效果最好为原则。目前，关于微差爆破的理论和假说较多，相应的计算时间间隔公式也较多，极不统一，在此只能将有关公式做一介绍，供读者参考。

6.7.1　按有效的（充分的）应力叠加作用确定

颇克洛夫斯基等认为，先爆炮孔产生的压应力波及气楔作用，使自由面方向的岩石发生强烈变形和移动，随着爆炸气体的逸散，孔内空腔压力下降，在岩石弹性恢复力的作用下，自孔壁向周围岩石产生拉伸波，若在此时起爆相邻一组炮孔则为最佳时间，将产生良好的爆破效果。

$$\Delta t = \frac{a}{C_p} + t_1$$

式中　Δt——微差间隔时间，s；

a——炮孔间距，m；

C_p——压应力波传播速度，m/s；

t_1——爆生气体有效压力作用时间，s；

$$t_1 = 5 \times 10^{-4}\sqrt{Q_1}$$

Q_1——单孔装药量，kg。

6.7.2 按形成补充自由面确定

哈努卡耶夫认为，先爆炮孔以刚好形成爆破漏斗，且爆岩脱离岩体，即形成 0.8～1.0cm 宽的贯通裂缝为宜，如图 6.7 所示。

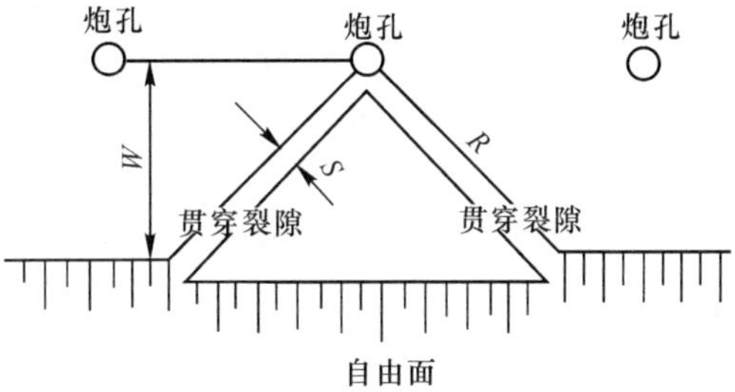

图 6.7 微差时间计算示意图

$$\Delta t = t_1 + t_2 + t_3 = \frac{2W}{C_P} + \frac{R}{U_{TP}} + \frac{s}{U_{CP}}$$

式中 t_1——弹性应力波传至自由面并返回所经历的时间；

t_2——形成裂缝的时间；

t_3——破碎的岩石离开岩体距离为 s 的时间；

W——最小抵抗线，m；

C_P——岩体中声波速度，m/s；

R——裂缝长度（$R \approx W$），m；

U_{TP}——裂缝扩展速度，$U_{TP} \approx 0.05C_P$；

s——裂缝宽度，$s \approx 0.01$m；

U_{CP}——岩石运动平均速度，m/s。

如取 $W=50$m，$C_P=4000$m/s，$U_{TP}=200$m/s，$U_{CP}=50$m/s，则可近似算出 $t_1=2.5$ms，$t_2=25$ms，$t_3=0.2$ms，$\Delta t=27.7$ms。

6.7.3 按爆生气体膨胀作用确定

伊藤一郎认为，不仅应使应力波有效叠加，而且还应在前一段爆破所产生的气体膨胀作用正在进行破碎作用时，下一排孔起爆。

$$\Delta t = (2 \sim 5) + \frac{W}{C_2}$$

式中 C_2——岩石裂缝扩展速度，一般 $C_2=100\sim150$m/s。

6.7.4　按抵抗线和岩石性质确定

（1）我国长沙矿山研究院提出公式：

$$\Delta t = (20 \sim 40)\frac{W_0}{f}$$

式中　f——岩石普氏系数；

W_0——实际抵抗线，m。在清碴爆破条件下，取其为底盘抵抗线；在压碴条件下，为底盘抵抗线与压碴折合抵抗线的和。

（2）U. Langefors（兰格弗斯）等人提出公式：

$$\Delta t = k \cdot W$$

式中　k——与岩石条件有关系数，坚硬岩石取 $k=3$，中硬以下岩石 $k=5$。

（3）苏联矿山部门提出公式

$$\Delta t = K' \cdot W(24 - f)$$

式中　K'——岩石裂隙系数，裂隙不发育的岩石 $K'=0.5$，中等发育的岩石 $K'=0.75$，裂隙发育的岩石 $K'=0.9$。

基于矿岩条件的复杂性、爆破材料性能指标的离散性、孔网实际参数的不均匀性、实施微差起爆器材的局限性等，作为工程爆破，其最优微差起爆时间间隔应是一个区间或范围，而不应是一个固定值。

6.8　爆堆形态

复杂环境条件路堑爆破需要不同爆堆形态，满足不同环境条件，需要在设计施工时根据下列影响因素对爆堆的抛掷距离、方向以及爆堆高度、宽度进行限定。

与爆堆形态有关的影响因素有：

（1）爆堆形态与抵抗线的关系（见图 6.8（a））。随着抵抗线的增大，岩块抛掷作用减弱，抛掷距离减小。

（2）爆堆形态与孔径的关系（见图 6.9（a））。炮孔直径由 250mm 增大到 310mm，炮孔线装药量增加，抛掷初始速度增大，抛掷距离明显增大。

（3）爆堆形态与一次爆破排数的关系（见图 6.8（b））。随着一次爆破排数的增加，爆堆整体宽度增大，爆堆高度略有增加，而岩块的最大抛掷距离变化不大。这也说明最大抛掷距离主要取决于第一排炮孔参数。

（4）爆堆形态与装药结构的关系（见图 6.9（b））。两种装药结构的炮孔爆破表明：上部装铵油炸药、下部装重铵油炸药比炮孔全部装铵油炸药抛掷作用强，抛掷距离大。

（5）爆堆形态与炸药单耗的关系（见图 6.10）。两种炸药单耗的炮孔爆破表明：炸药单耗大的炮孔抛掷作用更强，抛掷距离更大。

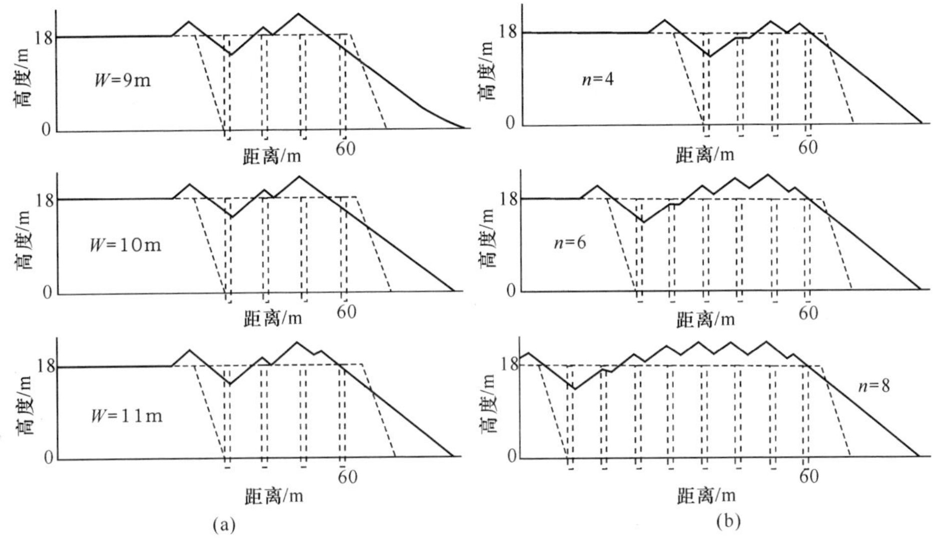

图 6.8 爆堆形态与抵抗线和一次爆破排数的关系

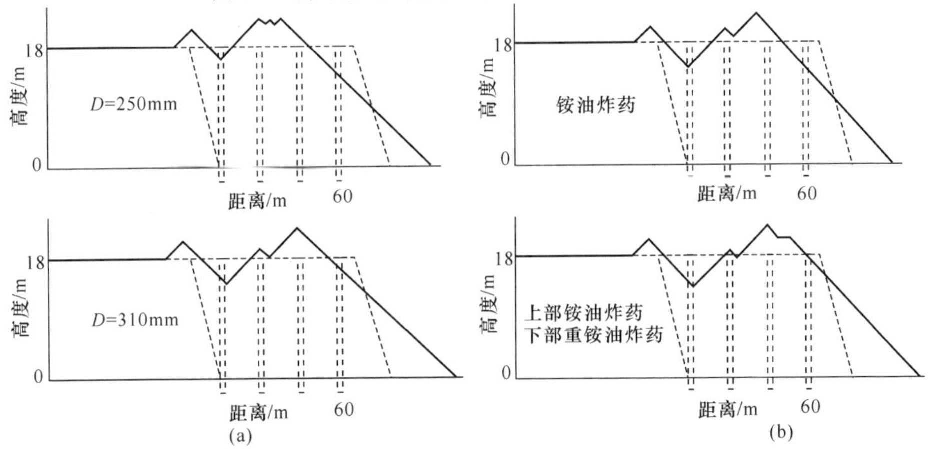

图 6.9 爆堆形态与孔径和装药结构的关系

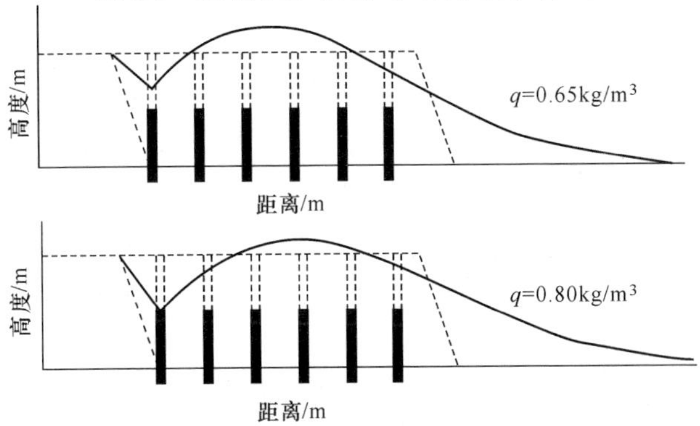

图 6.10 爆堆形态与炸药单耗的关系

7　复杂环境条件路堑光面爆破和预裂爆破设计施工

7.1　光面爆破

7.1.1　概述

光面爆破，就是控制爆破的作用范围和方向，使爆破后的岩面光滑平整，防止岩面开裂，以减少超挖、欠挖和支护的工作量，增加岩壁的稳固性，减少爆破的振动作用，进而达到控制岩体开挖轮廓的一种技术。如图 7.1 和图 7.2 所示。

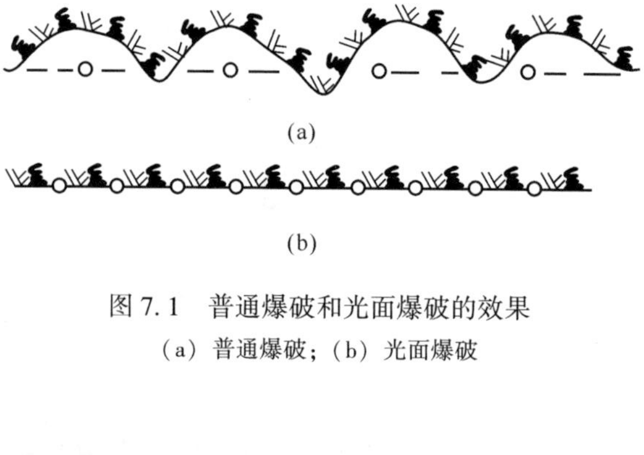

图 7.1　普通爆破和光面爆破的效果

（a）普通爆破；（b）光面爆破

图 7.2　边坡光面爆破的效果

7.1.2　光面爆破的特点

与普通爆破相比较，光面爆破的特点是：

(1) 周边轮廓线符合设计要求。

(2) 爆破后的岩面光滑平整，通风阻力小；岩面上应力集中现象减少，肉眼几乎看不到爆破裂隙；原有构造裂隙也不因爆破影响而有明显扩展，可保持围岩的整体性和稳定性，有利于施工的安全。

(3) 可减少超挖或欠挖，节省因超挖、欠挖而增加的工程量和费用，提高工程速度和质量；光面爆破后通常可在新形成的壁面上残留清晰可见的半边孔壁痕迹。

(4) 与喷射混凝土和锚杆支护相配合，正逐步形成一套多快好省的工程施工新工艺。

7.1.3　光面爆破参数

为获得良好的光面效果，一般可选用低密度、低爆速、低体积威力的炸药，以减少炸药爆轰波的击碎作用，延长爆炸气体的膨胀作用时间，使爆破作用为准静压力作用。应尽可能应用光面爆破专用药卷，以获得预期的效果。

7.1.3.1　不耦合系数 K

不耦合系数 K 是指炮孔直径 d 和药卷直径 d_0 之比，即 $K=d/d_0$。不耦合系数 $K=1$，表示炮孔直径和药卷直径完全耦合，炮孔全部被炸药装满，药卷与孔壁之间没有空隙（如图 7.3 所示），此时，爆轰压力对孔壁作用明显。$K>1$，表示炮孔直径与药卷直径不耦合，药卷与孔壁之间有空隙。K 越大，则空隙也越大。合理的不耦合应使炮孔压力低于岩壁动抗压强度而高于动抗拉强度。如果 $K_c>K>1$（K_c 为产生压碎圈的临界不耦合系数），光面爆破的效果就不好；$K>K_c>1$，是进行光面爆破时获得良好效果的必要条件。实践证明，$K\geqslant 2\sim5$ 时，光面效果最好。

不耦合系数 K 的取值一般介于 1.1~3.0 之间，采用最多的是 $K=1.5\sim2.5$。

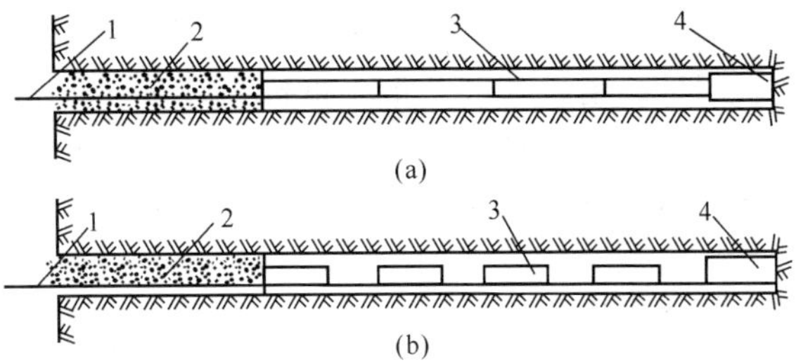

图 7.3　光面爆破炮孔装药结构

(a) 环向不耦合连续装药；(b) 轴向空气间隔装药

1—导爆索；2—堵塞段；3—中间装药；4—底部增强装药

7.1.3.2　炮孔间距 a

光爆孔的间距 a 比主爆孔小，它与炮孔直径、岩性和装药量等参数有关。孔距过大，难以爆出平整光面；孔距过小，会增加凿岩费用。

通常，合理的孔距可按炮孔直径选取，一般为炮孔直径的 10~20 倍。在节理裂隙比较发育的岩石中应取小值，整体性好的岩石中可取大值。

7.1.3.3　最小抵抗线 W

光面层厚度或周边孔到邻近辅助孔间的距离，是光面孔起爆时的最小抵抗线，一般它应大于或等于光面孔间距。

可以采用以下经验公式来确定最小抵抗线（光爆层厚度）W：

$$W = \frac{Q}{q'aL}$$

式中　W——最小抵抗线（光爆层厚度），m；

Q——炮孔装药量，kg；

a——孔间距，m；

L——孔深，m。

光爆层的厚度还与岩石的性质和地质构造等因素有关。坚硬完整的岩石，光爆层宜薄一些；而松软破碎的岩石，光爆层宜厚一些。

在井巷掘进中，光爆层的厚度还与巷道开挖断面的大小有关。大断面巷道的顶拱跨度大，光爆孔所受到的夹制作用小，岩体比较容易崩落，此时，光爆层厚度可以大一些；小断面巷道的光爆孔受到的夹制作用大，其厚度宜小一些。

7.1.3.4　炮孔邻近系数 m

炮孔邻近系数 $m=a/W$。m 值过大时，爆后有可能在光面孔间的岩壁表面留下岩石埂，造成欠挖；m 值过小时，则会在新壁面造成凹坑。实践中多取最小抵抗线大于孔距，即具有小孔距、大抵抗线的特点，尤其在坚硬岩石中密集系数皆小于 1 的情况，这样可使反射拉伸波从最小抵抗线方向折回之前造成贯穿裂缝，隔断反射拉伸波向围岩传播的可能，减少围岩破坏。实践表明，当 $m=0.8\sim1.0$ 时，爆后的光面效果较好，硬岩中取大值，软岩中取小值。

7.1.3.5　线装药密度 q_L

线装药密度是指单位长度炮孔内的装药量（kg/m），又称装药集中度。当采用不耦合装药结构，光爆孔直径为 35~45mm 时，为了控制裂隙的发育以保持新壁面的完整稳固，一般将线装药密度取为 0.1~0.3kg/m，其中软岩为 0.07~

0.12kg/m，中硬岩为0.1~0.15kg/m，硬岩则为0.15~0.25kg/m。线装药密度 q_L 也可采用下列经验公式计算：

（1）连续装药结构时，

$$q_L = \frac{\pi}{4} d_0^2 \rho$$

式中　q_L——线装药密度，kg/m；

ρ——炸药密度，kg/m^3；

d_0——药卷直径，m。

（2）环向不耦合连续装药结构时，

$$q_L = \frac{\pi d^2 \rho}{4K^2}$$

式中　K——不耦合系数，$K = \frac{d}{d_0}$；

d——炮孔直径，m。

7.1.3.6　起爆间隔时间

实验室爆破试验研究结果表明，齐发起爆的裂隙表面最平整，微差起爆次之，秒差起爆最差，如图7.4所示。齐发起爆时，炮孔间贯通裂隙较长，抑制了

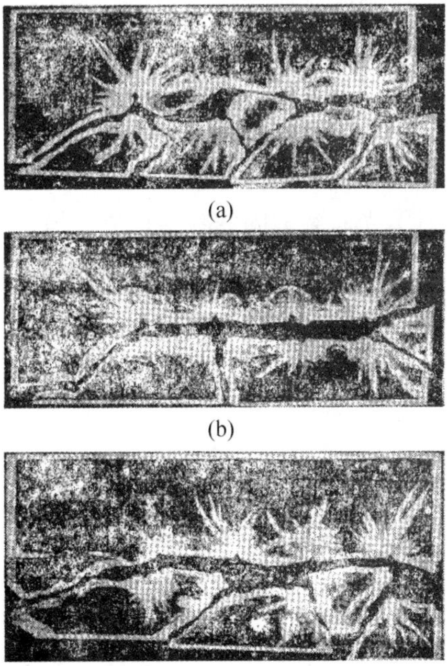

(a)

(b)

(c)

图7.4　起爆时间对光面爆破效果的影响

（a）不同段秒微差起爆；（b）齐发爆破；（c）微差起爆

其他方向裂隙的发育，有利于减少炮孔周围的裂隙的产生，可形成平整的壁面。所以，在实施光面爆破时，间隔时间愈短，壁面平整的效果愈有保证。应尽可能减小周边孔间的起爆时差。相邻光面炮孔的起爆间隔时间不应大于 25ms。

7.1.4 影响光面裂缝形成的因素

影响光面裂缝形成的因素很多，主要因素有装药量和装药结构、最小抵抗线与孔间距的比值、起爆方法、空孔等。

7.1.4.1 装药结构

为了不破坏需要保护一侧的围岩，要采用较大的不耦合系数 K，环状间隙装药和间隔装药，以及低猛度、低爆速（如爆速为 2000~3000m/s）、低密度的炸药。根据岩石的坚固性和炸药特性，合理地确定不耦合系数和装药结构，是光面控制爆破的关键之一。

7.1.4.2 最小抵抗线、空孔与孔距

控制爆破炮孔要适当加密，才能有效地形成光面裂隙。在模拟实验中可以看出，光面孔距不能过大。在一块有机玻璃中钻一装药孔，其周围按不同距离钻一些空孔。装药孔起爆后，裂隙明显地只朝距离较近的空孔发展。孔距过大，光面裂隙就不能形成；孔距过小，要增加凿岩工作量，装药偏多，成本上升，且控制爆破效果不好。

最小抵抗线应大于光面孔的孔距。最小抵抗线过小时，孔与孔之间的光面裂隙来不及贯通，各孔就已朝自由面形成爆波漏斗，结果产生凹凸不平的破裂面；相反，最小抵抗线过大时，光面裂隙固然容易形成，但是自由面方向的爆破效果可能要恶化，大块多。根据推算和实验分析，孔距和最小抵抗线的比值最好是 0.8~1.0。在节理、裂隙发育的岩石中以及开挖面的拐角、弯曲部分，要加密炮孔或增加导向空孔。

7.1.4.3 起爆顺序

从模拟爆破的结果看，以同时起爆效果最好，即齐发爆破。

7.1.5 光面爆破设计

光面爆破设计不仅要考虑周边孔，还必须同时严格控制靠近周边孔的主炮孔的装药。设计原理是：任何主炮孔产生的裂隙破坏区均不得超过周边孔的裂隙破坏区。瑞典爆炸研究基金会利用如下爆破振动速度经验公式算法进行控制：

$$v = 70Q^{0.7}/R^{1.5}$$

式中 v——振速，cm/s；

Q——单孔药量，kg；

R——距离，m。

产生危险的振速范围是 $v = 70 \sim 100$cm/s。对于 3m 深的炮孔，不同线装药密度的 $R-v$ 关系见图 7.5，对不同线装药密度，按 $v = 70$cm/s 计算产生裂隙的范围，如图 7.6 所示。由图可以看出，吉利特（ϕ17mm）光爆炸药裂缝范围 0.25mm，ϕ45mm 铵油炸药裂缝范围 1.6mm。如果二者相距 1.0m，则铵油炸药炮孔的裂缝范围超出周边孔破裂范围 0.35m，这需调整与周边孔相距 1.0m 的爆破孔装药量，才能保证光面爆破的效果。

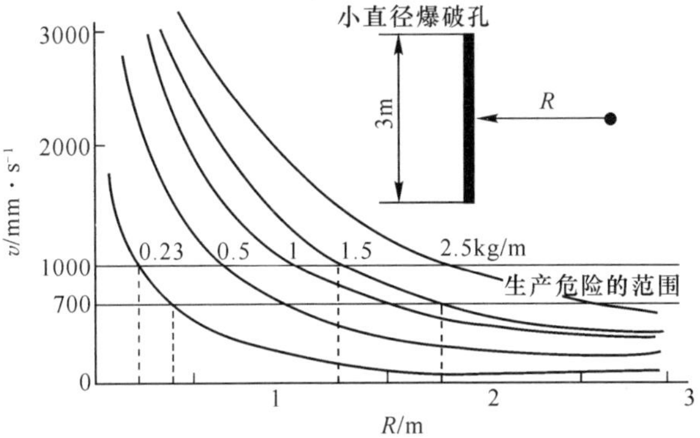

图 7.5 不同装药密度时振速 v 与距离 R 的函数关系

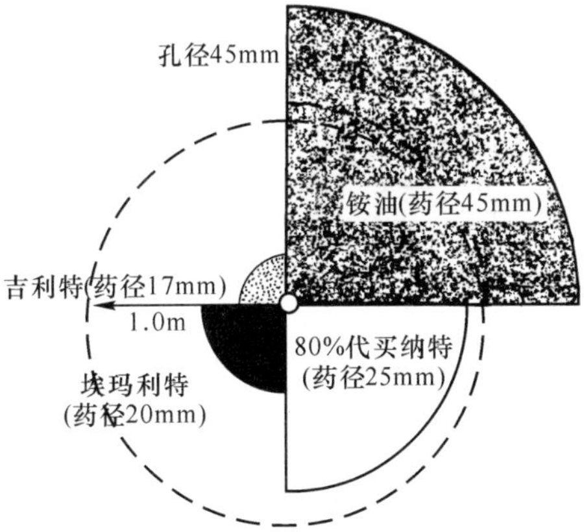

图 7.6 不同炸药产生的裂缝范围

光面爆破设计的主要参数是：孔径 d，药径 d_0，线装药密度 ρ_L，最小抵抗线 W，孔间距 a。设计方法一般是按经验数据或参照类似矿山数据，根据当地岩石性质、钻孔孔径、光爆药卷的直径及爆炸性能、孔深、雷管可选择范围，选择光爆炮孔的最小抵抗线 W 和间距 a，一般 $a/W \leq 0.8$，然后进行试验、调整。

7.2 预裂爆破

7.2.1 预裂爆破的基本原理

早期研究者对预裂缝形成提出两个理论：一是相邻炮孔产生的爆炸应力波相互干扰的理论，即假定两个炮孔同时起爆时，裂缝始于两炮孔中心连线的中点；二是爆炸气体高压静力作用，即着重于爆炸气体高压作用的应力分布，强调在不耦合系数适当大时，炮孔壁与两炮孔中心连接面相交处产生应力集中，首先从眼壁开裂。近 20 年来，不少研究者对爆炸冲击波和爆炸气体的作用作了全面研究，揭示其规律，从而提出了应力波和爆生气体压力共同作用的原理，该原理为大多学者所接受。因为目前国内外电雷管的精度达不到同时起爆的要求，同段电雷管误差都在 5ms 以上，若爆破岩石弹性波速为 4000m/s，每毫秒要传 4m，5ms 可传 20m，而坑内光面爆破和预裂爆破的周边眼距一般为 500~600mm，露天矿预裂爆破一般在 2~3m，由于压缩应力波很难正好在两个炮孔中相遇，所以应力波和爆生气体压力的共同作用原理合乎实际。

7.2.2 钻孔直径的选择

一般钻孔直径是根据工程性质及对质量要求，并结合现有的设备条件选择。小直径钻孔对周围岩石破坏范围小，预裂面形状也容易控制。

钻孔直径与预裂孔半边孔的出现率的高低有关。孔径愈小，则半边孔出现率愈高；反之，孔径愈大，则半边孔出现率则愈差。在矿山上由于所需专用设备缺少，一般只有采用生产用的潜孔钻机进行预裂孔穿孔，这样不但管理维护方便，而且经济上也是合算的。

7.2.3 预裂孔药量控制与装药量的计算

一般说来，预裂爆破装药量合适时，既可造成平整贯通的预裂缝，又可使药包附近的岩体不被破坏。

预裂爆破的药量均按线装药量（q_L）计算。计算 q_L 的理论公式和经验公式、半经验公式较多，但各考虑的侧重点不同，无适合各种介质的统一公式。对于层状岩体，因各层岩石强度不同，厚度变化大，岩层的产状不相同，每层岩石都对应一个 q_L，要达到这样的要求是很难的，这就要寻求一个综合各层岩体特征的 q_L，这个 q_L 要求保证将最硬层岩石预裂成大于 1cm，宽的裂缝的最小 q_L，使其对较软岩石的破坏减到最低限度。

7.2.3.1 爆破炸药量的控制

要控制爆破规律，使爆破的振动强度不至于破坏边坡基岩，必须严格控制爆破用药量。振动速度能较好地反映振动强度，它与爆破药量和被保护对象到爆区距离的关系为：

$$v = K \cdot \left(\frac{\sqrt[3]{Q}}{R}\right)^{\alpha} \cdot e^{\beta \cdot H}$$

式中 v——建筑物的安全振动速度，cm/s，参照表 2.3 爆破振动安全允许速度标准；

K——与岩性、地质条件及爆破方法有关的介质系数；

R——爆区至建筑物的最近距离，m；

α——地震波衰减系数

β——为衰减指数的修正系数；

H——爆心与测点间的高程差，m；

Q——最大段装药量（单响）爆破药量，kg。

K、α 是与爆破点至保护对象间的地形、地质条件有关的系数和衰减指数，应通过现场试验确定；在无试验数据的条件下，可参考表 3.1 选取。

7.2.3.2 预裂孔炸药量计算原理

（1）以炮孔面积确定的装药量。

$$Q = q_s \cdot S + Q_d$$

式中 q_s——坡面单位面积炸药量，g/m^2；

S——每孔负担预裂坡面积，m^2：

$$S = L \cdot a$$

L——孔深；

a——孔距；

Q_d——每个孔底集中药包药量，一般认为 Q_d 的作用是克服根底，在孔底 1m 高增加 q_L 的 3 倍左右药量。

根据实践经验，预裂孔底增大药量对预裂效果不利，同时也不能克服根底，采用增大缓冲孔药量或采用缓冲孔底部集中装药能减少根底。

（2）按装药长度计算装药量。每个孔的装药量可按下式计算：

$$Q = \left(\frac{L - L_1}{l} + Q_1\right) \cdot G$$

式中 L——钻孔深度，m；

L_1——未装药长度，m；

l——药包长度，m；

Q_1——孔底集中装药药包个数，个；

G——药包质量，$G_{上盘}=0.96$kg，$G_{下盘}=0.86$kg。

7.2.3.3 炸药的选择

爆破理论与技术发展的一个重要方面就是选择合适的炸药，以便将炸药的更多能量用于有用功，因此，建立炸药与岩石之间的数学力学关系，并用来指导放炮，使爆破更具有科学性。事实上（预裂爆破），不耦合装药爆破就是有效利用炸药能量并与力学巧妙结合的产物。

从定向断裂控制爆破的理论来讲，应力波干涉论需要爆速、猛度等较高的炸药，而高压气体理论和断裂力学理论则相反。

炸药的冲击效应由不耦合效应和装药量的多少得到某种程度的调整，达到适合光面、预裂的要求。也可以说，不耦合装药起到某些调整炸药性能，以及调整炸药对孔壁的压力的作用。

A. A. 费先柯指出，不同的炸药的最佳装药密度是不同的，对任何一种炸药而言，在轮廓爆破参数为最佳的情况下，用另一种炸药时，对轮廓的影响又有不同。

因此，凡是能进行控制爆破的炸药，都有一个适合于每种岩石的合适的装药量范围，炸药性能改变，这个范围也随之改变，必须重新调整装药量或钻孔间距。如果能在施工中经常对使用的炸药进行性能测定，对于取得良好的爆破效果有极大的好处。

总之，预裂爆破是控制周边炮孔的爆破作用，使之既能完成周边轮廓的切割，又能使围岩所受到的损坏限制到最小。预裂爆破采用低猛度、低爆速、低密度和传爆性能良好的炸药，以消除或缩小炮孔周围形成的岩石粉碎圈。根据这一要求，国外生产了专用炸药，如瑞典的古立特炸药、日本的新桂炸药、瑞士的沃鲁迈克斯炸药等。

目前，国内地下预裂爆破使用的炸药仍以硝铵类炸药为主，施工中选用直径为20~25mm的细药卷。

7.2.3.4 装药密度与装药结构

A 装药集中度

预裂孔的装药，应该是刚好能够克服岩石的抵抗阻力，而不造成围岩的破坏，通常采用不耦合装药和空气间隔装药，并用装药集中度来表示装药量。装药集中度即是每米炮孔的装药量，kg/m。

B 装药密度

预裂爆破的装药量国内外都用线装药密度表示，但所指的装药密度含义并不相同，概括有以下几种：

（1）计算装药密度时，包括了孔底增加的装药量。

（2）以全孔长度除全孔总装药量表示线装药密度，称为延米装药量。

（3）扣除底部增加药量的全孔装药量除以装药的那段长度（不包括堵塞长度）的线装药密度。

由于孔底夹制作用大，为保证裂缝到底，要在孔底增加装药量。水工建设的经验是：孔深大于10m时，底部增加的药量为线装药密度的3~5倍，把它们平均分摊在孔底1~2m的长度上；3~5m孔深增加1~2倍；5~10m孔深增加2~3倍。坚硬岩石取大值，软弱岩石取小值。为不使表面出现漏斗，也可考虑适当减少顶部1m的装药量。

C 装药结构

装药结构形式及其相应的参数是控制爆破最重要、最复杂的问题之一，合理的装药结构与参数必须保证全部装药稳定爆轰，完全传爆，不产生瞎炮、残炮和带炮，保证按炮孔作用产生一定的爆破威力，而且装药工艺简单。

目前，预裂爆破的药包结构有两种形式：一种是药串；另一种是连续装药。药串结构是根据线装药密度的大小，每隔一定间距将标准药包或改小的药包绑扎在传爆线上，由传爆线引爆所有药包。这也是目前使用较多的装药结构。连续装药是一种比较理想的预裂装药方式，根据预裂爆破的理论可知，在装药密度确定之后，炸药沿预裂孔分布愈均匀愈好。但是，在目前我国还没有研制出低爆速、高传爆性能的炸药之前，不用传爆线进行连续装药爆破尚有困难。

D 药包放置位置

根据不耦合原理，药包应尽可能放在孔的中间。普通的方法采用药串绑在竹片上，避免药包与孔壁接触。

7.2.3.5 线装药密度的计算

（1）根据岩石极限抗压强度和炮孔间距计算线装药密度。一般预裂爆破都采用不耦合的装药结构，在浅孔爆破（隧道或巷道）中取不耦合系数为1.5~4、在深孔爆破中取不耦合系数为2~4的条件下，药量计算可采用以下经验公式。

深孔爆破：

$$q_L = 0.042 \cdot a^{0.5} \cdot \sigma_c^{0.6}$$

式中 a——炮孔间距，cm；

σ_c——岩石极限抗压强度，MPa。

（2）根据岩石极限抗压强度和炮孔直径计算线装药密度。

$$q_L = 0.304\sigma_c^{0.5} \cdot d^{0.86}$$

式中 d——炮孔直径，cm。

(3) 根据岩石极限抗压强度、炮孔直径和不耦合系数等因素计算线装药密度。

$$q_L = 78.5d^2 \cdot K_c^{-2} \cdot \rho_0$$

(4) 用空气介质不耦合装药预裂爆破经验公式计算允许装药密度。

$$q_L = 2.75\sigma_c^{0.53} \cdot \left(\frac{d}{2}\right)^{0.38}$$

(5) 根据极限抗压强度、炮孔直径和炮孔间距等因素计算线装药密度。

$$q_L = 0.16\sigma_c^{0.5} \cdot r^{0.25} \cdot a^{0.85}$$

(6) 根据炮孔直径、岩石普氏系数和炮孔含水量计算炮孔平均线装药密度。

1) 当炮孔含水时：

$$q_L = (281d^2 - 9825d) \cdot 10^{-4} + 8.76 + (-2.1 + 2.71d) \cdot 10^{-3} \cdot f$$

2) 当炮孔无水时：

$$q_L = (0.042d^2 + 1.48d) - 12.27 + 28.004^{1.67} \cdot f$$

式中　f——普氏系数。

(7) 经验数据法。经验数据法见表 7.1。

表 7.1　经验数据法

岩石性质	炮孔直径/mm	孔间距/m	单位长度装药量/g · m⁻¹
软弱岩石	80	0.6~0.8	100~180
	100	0.8~1.0	150~250
	80	0.6~0.8	180~300
中硬岩石	100	0.8~1.0	250~300
次坚石	90	0.8~0.9	250~400
	100	0.8~1.0	300~450
坚石	90~100	0.8~1.0	300~700

7.2.4　预裂孔孔距

钻孔间距确定的原则，应能够使裂缝贯通，同时又不出现过度破坏。模型爆破试验以及实际爆破的经验表明，爆破岩面的质量主要取决于炮孔间距 a。由于条件不同，计算依据不一样，有多种计算公式。

7.2.4.1　根据爆炸应力波的作用确定钻孔间距

众所周知，预裂缝的形成，可以认为是冲击应力波与爆生气体共同作用的结果，在岩石断裂初期，综合压力 p 作用下炮孔周围的应力场，由弹性理论可知：

$$a = K_s\left(2r_0 + \frac{2p}{\sigma_t}\right) \cdot R$$

式中 a——炮孔间距，m；

r_0——初始裂纹长度，m；

p——炮孔内的准静态压力，MPa；

σ_t——炮孔周围岩体的静态抗拉强度，MPa。

由于岩体内存在各种结构面，如节理、裂隙等，同时也存在各种内部缺陷，因而初始裂纹形成后，会更容易失稳和发展。同时对原有裂纹也会产生相互作用，更易形成预裂缝，因此，在计算实际孔间距时可采用大于 1 的修正系数 K_s（1.1~1.5），岩体稳固、均匀时取小值，节理、裂隙等结构面发育时取大值。

7.2.4.2 根据钻孔直径和不耦合系数确定钻孔间距

根据钻孔直径 d 和不耦合系数 K_c 确定钻孔间距，是马鞍山矿山研究院实践总结出的。计算公式如下：

$$a = 19.4d(K_c - 1)^{-0.523}$$

7.2.4.3 浅眼预裂爆破炮孔间距的计算预裂爆破孔的间距

$$a = \left(\frac{2b \cdot K_f \cdot S_C}{\sigma_1}\right)^{\frac{1}{\alpha}} \cdot 2r_b$$

式中 b——切向应力与径向应力的比值：

$$b = \frac{\mu}{1 - \mu} = 0.25$$

K_f——近爆区岩石处于各向压缩状态下单轴抗压强度增大系数，取 $K_f = 10$；

S_C——岩石单轴抗压强度，MPa；

α——应力波衰减指数，$\alpha = 2 - b = 1.75$；

σ_1——炮孔周围岩体的最大主应力，MPa；

μ——泊松比，取 $\mu = 0.2$。

7.2.4.4 根据钻孔直径确定钻孔间距

（1）理论计算式。苏联 E. H. 库图诺夫所著《爆破工作指南》一书建议钻孔间距按下式计算：

$$a = 22d_c \cdot K_S \cdot K_y$$

式中 d_c——药包直径；

K_S——挤压系数，全挤压时（即抵抗线很大时），$K_S = 0.85$，在台阶或斜坡上作业，松动孔超过 3 排时，$K_S = 1$，同样条件下松动孔排数较小时，$K_S = 1.1$；

K_y——地质条件系数。没有很明显的层面或裂隙时，$K_y = 1.0$，在占优势的裂隙阻与预裂缝的夹角呈 90°时，$K_y=0.9$，角度为 20°～70°时，$K_y=0.85$，在水平岩层以及地质构造平面与裂隙相吻合时，$K_y=1.15$。

（2）根据药包直径计算公式如下：

$$a=r_c \cdot D \cdot \sqrt{\frac{2\mu \cdot p_0}{(1-\mu)\sigma_{tg}}}$$

式中，σ_{tg}为岩石的极限抗拉强度；其他符号意义与前相同。

（3）经验取值。钻孔间距 a 与钻孔直径 d 的比值称为间距系数。间距系数是一个重要指标，它的大小决定钻孔的数量。间距系数与岩性和孔径大小有关，它随岩石抗压强度和孔径的增高而减少，孔径在 70mm 以下，不同岩性间距系数约为 5～10。单就岩性而言，软岩取大值，硬岩取小值。孔距大可以减少钻孔数量，加快施工进度，但钻孔孔距过大却不能保证预裂爆破效果。许多资料说明，孔径与孔间距的比值对于各种岩石应有一个适当的范围，超过此范围预裂爆破效果变坏。一般认为以 8～12 为宜。西方国家水电工程预裂爆破钻孔的间距大多数都小于 10 倍孔径，有的甚至小于 5～6 倍孔径，我国水电系统不论岩石的岩性如何，多数取 9～10。国内其他系统取 10～15 或 15～20，葛洲坝工程部取到 15。日本水电站施工和道路开挖中大多数孔距也小于 10 倍孔径。苏联确定钻孔间距的经验办法是以药包直径做比较，钻孔直径为药包直径的 15～30 倍。

7.2.4.5　装药量与钻孔间距

（1）调整。预裂爆破的参数主要是调整装药量和钻孔间距。在同类岩石中，装药量随着钻孔间距的增加而增加。在试验中，当固定某一合适装药量和其他参数，然后改变钻孔间距，发现获得最好的平整壁面和地表裂缝宽度的最佳钻孔间距的界限不够分明；当固定一个合适的钻孔间距和其他参数，然后改变炸药，同样，药量的最佳值也并不一定界限分明，它依然存在一个合乎质量标准的药量变化范围。

（2）最佳线装药密度的周边眼间距。

$$a=\left[3.2\left(\frac{2p+\dfrac{6p^2}{p+7}}{\sigma_{tg}}\cdot\frac{\mu}{1-\mu}\right)^{\frac{2}{3}}-m_a\right]^y$$

式中　p——冲击波压力，$p=2.5Q\cdot\dfrac{Q_L}{p_C}$，MPa；

σ_{tg}——岩石极限抗拉强度，MPa；

μ——岩石泊松系数；

m_a——确定炮孔间距的精度，由表 7.2 可查得 m_a 值。

表 7.2 m_a 值

试验次数	p 值		
	50	100	250
5	4.0	2.2	2.0
10	3.0	1.7	1.5
20	2.0	1.2	1.0

(3) 核工业总公司华东地勘局对预裂孔间距的选择，经过几种公式的验证后认为加拿大《露天矿边坡手册》中的有关计算较为合理。即：

$$a \leqslant \frac{d_b[(p_b) \cdot d_c + d_{td}]}{\sigma_{td}} \cdot f$$

式中 d_b——预裂孔直径；

$(p_b) \cdot d_c$——不耦合装药孔壁压力，MPa：

$$(p_b) \cdot d_c = \frac{1}{8} \cdot p_0 \cdot D_2 \cdot \left(\frac{d_c}{d_b}\right)^{2.5}$$

σ_{td}——岩石动态抗拉强度，采用静态抗拉强度乘以一个系数，即 $\sigma_t \times 1.2$。

其他符号意义同前。

7.2.5 预裂孔的布置

7.2.5.1 布孔方式

A 换向孔排列

为了保证剥离界线上布孔时底部抵抗线在允许范围内，主炮孔布孔方向与预裂方向互相垂直，如图 7.7 (a) 所示，因而底部抵抗线很大，若不控制，在该区容易出现根底，影响爆破质量。为了解决这个问题，在潜孔钻机打孔角度为 75°的情况下，采用换向孔来减小底部抵抗线。

B 平行孔排列

当预裂倾斜方向与边坡台阶面的倾向一致时，可以按照参数进行平行排列。如图 7.7 (b) 所示。经验认为，这种排列预裂孔的半边孔出现率较高。

C 直孔预裂爆破的排列形式

直孔预裂爆破主要应用于固定帮台阶平盘较宽、坡面要求不严格的靠帮地段，如图 7.8 所示。

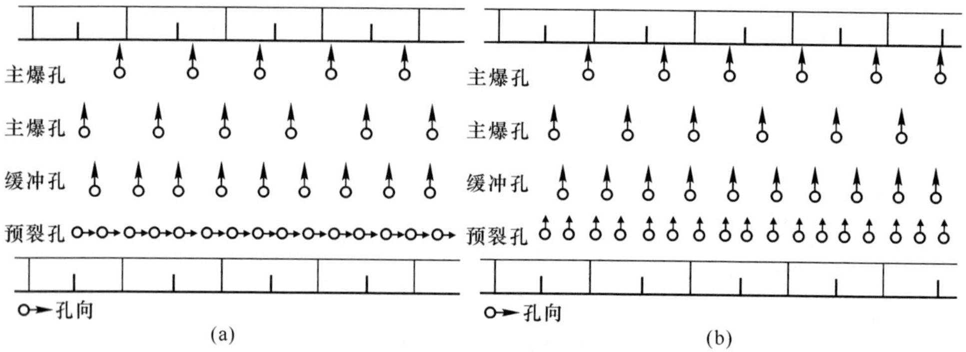

图 7.7 预裂爆破倾斜孔的两种布孔方式示意图

(a) 换向孔排列；(b) 平行孔排列

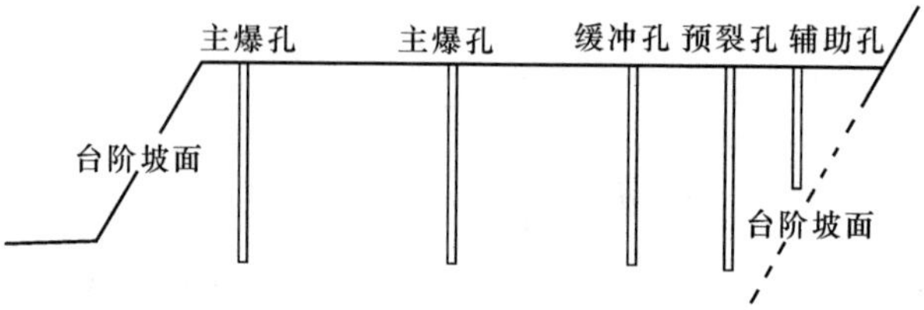

图 7.8 直孔预裂炮孔布置示意图

D 斜孔的预裂布孔

a 斜孔的预裂孔的布孔方式

预裂孔、辅助孔为倾斜炮孔，缓冲孔、主炮孔均采用垂直炮孔。如图 7.9 所示。

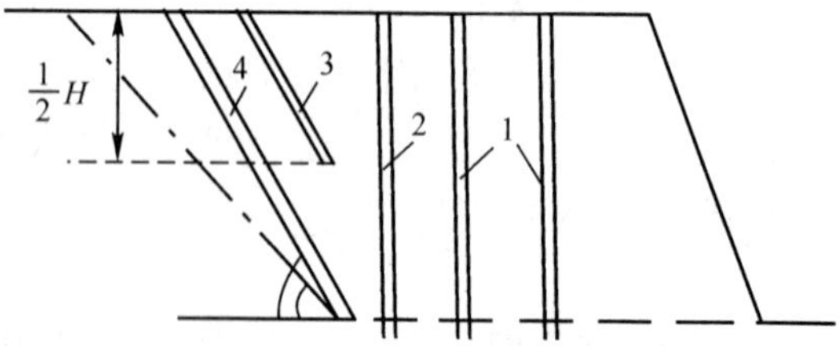

图 7.9 预裂孔、辅助孔为倾斜孔布置示意图

1—主炮孔；2—缓冲孔；3—辅助孔；4—预裂孔

b 预裂孔、辅助孔的布置方式

预裂孔为倾斜炮孔，而辅助孔、缓冲孔和主炮孔为垂直孔。如图 7.10 所示。

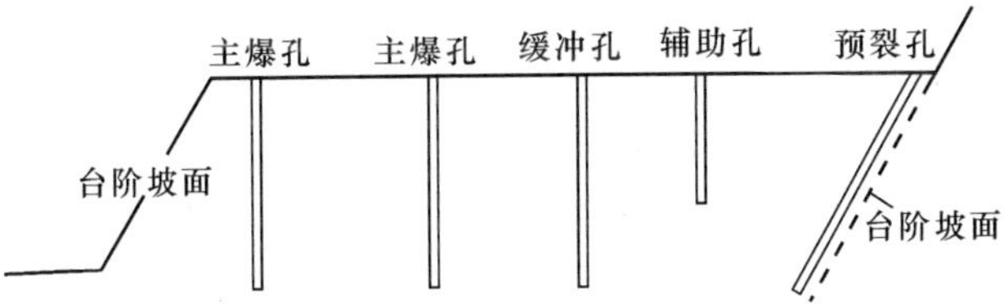

图 7.10 预裂孔为倾斜炮孔布置示意图

7.2.5.2 炮孔排列间距

预裂孔打在台阶坡底线上，缓冲孔与预裂孔间距要适当。过小时，爆破后可能破坏预裂面；过大时，可能在预裂面和缓冲孔间产生根底。所以，预裂孔与缓冲孔的排间距离既影响爆破质量，又与半壁孔痕出现率有直接关系。

矿山实践经验：预裂孔与缓冲孔的排间距离 $b_{预}$ 应避免裂缝朝缓冲孔贯通，所以，$b_{预}>a$（预裂孔间距），$b_{预}$ 采用下列公式计算：

$$b_{预} = \frac{a}{0.7 \sim 0.8}$$

对预裂孔与缓冲孔排间距，根据岩石性质采用两种参数，在软岩中钻平行孔，即预裂孔与缓冲孔平行，孔口距离与孔底距离一致，在硬岩石中，钻不平行孔。例如，孔口距离为 3m，孔底距离为 1.0~1.5m。

对于主药包，其经验数据如表 7.3 所示。

表 7.3 预裂孔与主爆孔药包位置的关系

主炮孔药包直径/mm	主炮孔单段起爆药量/kg	预裂孔与主炮孔间距/m
<32	<20	0.8
<55	<50	0.8~0.12
<70	<100	1.2~1.5
<100	<300	1.5~3.5
<130	<1000	3.5~3.6

7.3 光面、预裂爆破施工与质量

7.3.1 光面、预裂爆破施工

光面、预裂爆破的施工流程分钻孔、装药和填塞、起爆网路联结三部分。

7.3.1.1 钻孔施工

钻孔施工是光面、预裂爆破最重要的一环，尤其是钻孔精度，它直接影响到光面、预裂爆破的成败。为了确保钻孔精度，应严格做好边坡的测量放线，修建好钻机平台，按照“对位准、方向正、角度精”三要点安装架设钻机；挑选技术水平较高、熟悉钻机性能的钻机司机，以保证钻孔的准确性。

钻孔精度是保证壁面质量标准的关键，为此，要求预裂、光面爆破的钻孔精度为：

（1）预裂孔、光面孔应按设计图纸钻凿在一个布孔面上，钻孔偏斜误差不超过1°。

（2）孔口坐标误差为±10cm。

（3）钻孔底部偏差不大于15cm。

（4）孔深为±0.5m。

7.3.1.2　装药与填塞

光面、预裂爆破采用连续装药和间隔装药两种不耦合装药结构。

在进行光面爆破装药结构设计时，必须根据地形地质情况，选择合理的装药结构，光爆孔装药结构选择的不合理，会造成边坡局部破坏较大，超欠挖严重，使得平整度下降。

由于目前小直径炸药规格品种少，现在多数采用间隔装药，即按照设计的装药量和各段的药量分配，将药卷捆绑在导爆索上，形成一个断续的炸药串。为方便装药和将药串大致固定在钻孔中央，一般将药串绑在竹片上，装药时竹片一侧应置于靠保留区一侧。

制作方法一般是按照炮孔深度，先准备一根稍长于孔深的竹片，然后把细药卷按照每米的装药量、间隔一定距离与起爆的导爆索一起用黑胶布或绑线缠紧在竹片上。为了克服炮孔底部的阻力，在底部1~2m的区段，线装药密度应比设计值大1~4倍；而在接近孔口的区段，线装药密度应比设计值小1/2~1/3。另一种制作方法是按照设计的线装药密度，选取一定内径的塑料管，将起爆的导爆索先插入塑料管中固定，然后采用连续装药或间隔装药结构方式，其孔底与孔口的装药密度按上述方法控制。如图7.11所示。

在线装药量、装药结构和不耦合系数确定的情况下，堵塞时要保证回填物不会下落至装药段，否则，不耦合系数将会改变，影响光面、预裂效果。装药后孔口的不装药段应使用沙等松散材料填塞。填塞应密实，在填塞前，先用纸团等松软的物质盖在药柱上端。

7.3.1.3　起爆网路的联结

光面、预裂爆破的药串是由导爆索起爆的，在孔外联结导爆索时，必须注意导爆索的传爆方向，按照导爆索网路的联结要求联结。

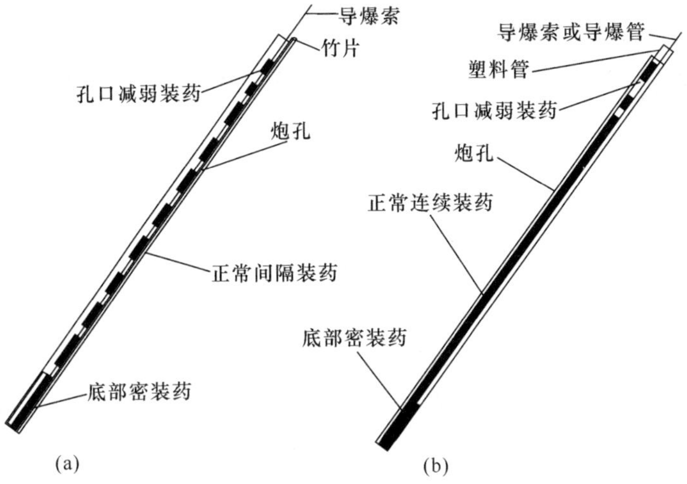

图 7.11 装药结构示意图

(a) 竹片绑扎药包；(b) 塑料管装药结构

连续装药可以采取导爆管起爆网路。

预裂爆破应先于主药包起爆，其时间差要保证人造断层的形成，一般应大于50ms，在保证主药包网路安全准爆的前提下，其间隔时间越大，人造断层层面形成效果越好，其边坡的成型效果也就越好。

主炮孔和缓冲孔微差间隔时间一般为100~150ms，缓冲孔和光爆孔微差间隔时间为75~110ms，间隔时间过长或过短都将影响光爆质量。

7.3.2 质量标准

预裂爆破和光面爆破的目的是沿设计轮廓线形成整齐的轮廓面，其质量标准应符合以下条件：

(1) 裂缝必须贯通，壁面上下不应残留未爆落岩体。

(2) 相邻孔间壁面的不平整度小于±15cm。

(3) 壁面应残留有炮孔孔壁痕迹，且应不小于原炮孔孔壁的1/2~1/3。

(4) 残留的半孔率，对节理裂隙不发育的岩体应达到85%以上；对节理裂隙较发育和发育的岩体，应达到50%~85%；对节理裂隙极发育的岩体，应达到10%~50%。

8 复杂环境条件路堑爆破安全技术研究

8.1 爆破飞石

爆破时，部分岩块脱离岩体抛掷至远处，称为爆破飞石。个别飞石的产生，主要是因为炸药爆炸能破碎土石后，还有较多剩余气体能量继续作用于碎石，使之获得很大动能及初速，如遇有岩体构造上的薄弱面（断层、裂隙、软夹层等），强大的气体能量即从该处集中冲出，使该部分碎石获得极大的动能并以很高的初速（有时大于岩体鼓包运动的速度几倍）向外飞出。

在露天进行爆破时，特别是进行抛掷爆破和用裸露装药或炮孔装药进行大块破碎时，个别岩块可能飞散得很远，常常造成人员、牲畜的伤亡和建筑物的损坏。根据矿山爆破事故的统计，露天爆破飞石伤人事故占整个爆破事故的27%。个别飞石的飞散距离与爆破方法、爆破参数（特别是最小抵抗线的大小）、填塞长度和填塞质量、地形、地质构造（如节理、裂缝和软夹层等等）以及气象条件等有关。由于爆破条件非常复杂，要从理论上计算出个别飞石的飞散距离是十分困难的，一般常用经验公式或根据施工经验来确定。

8.1.1 飞石产生的原因和类型

8.1.1.1 飞石产生的原因

按理论分析，飞石产生的原因为：

（1）霍普金森效应产生的飞石，即爆炸冲击波在自由面发生反射，反射波为拉应力波，将靠近自由面的岩石拉成“飞片”，脱离母岩，形成飞石。

（2）高温高压爆生气体在薄弱岩体“喷涌而出”，高速的气体流挟带的石块获得很大的初速度，形成飞石。

8.1.1.2 飞石的类型

爆生气体导致的飞石是复杂环境条件下的路堑爆破事故灾害的主要原因，此类飞石有以下几种类型：

（1）孔内装药量需要克服的爆破抵抗线远远大于实际的抵抗线，起爆后岩块运动无迹可寻，爆堆呈四散抛射状、超出预测区域的或者指东打西。如图8.1所示，因为实际自由面不规则，致使发生图中理论的最小抵抗线和实际的抵抗线大小变化的现象，按照理论最小抵抗线大小计算的孔内装药量将大于爆破实际需要的装药量，故而产生飞石。

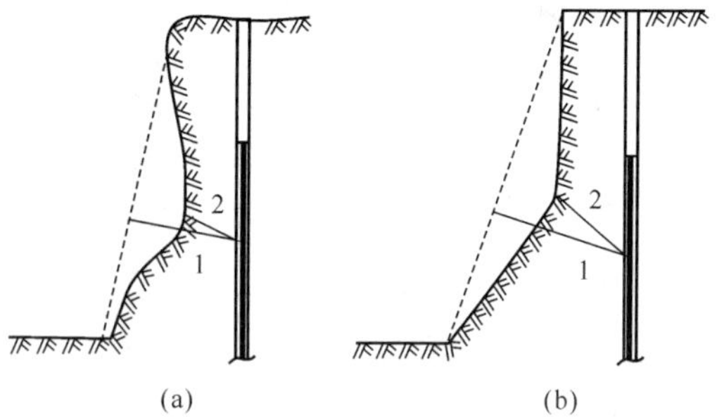

图 8.1 炮孔自由面形状改变抵抗线示意图

（a）凹形自由面；（b）折面形自由面

1—理论的最小抵抗线；2—实际的抵抗线

（2）炮孔填塞设计或施工不能满足抵抗线的要求，如图 8.2 所示，根据最小抵抗线原理，爆堆的抛掷、移动和堆置方向为最小抵抗线方向。当图中 $W_1>W_2$，孔内炸药被起爆后，脱离母岩的岩块移动方向是垂直向上的，导致飞石、振动大、后冲严重、大块多等一系列问题。

（3）断层、软弱夹层造成的飞石，前排孔所在岩体的地质缺陷，尤其是小溶洞、张开裂隙和爆破振动后冲形成的岩体开裂，都可能因为抵抗线变化导致飞石的发生，如图 8.3 所示。

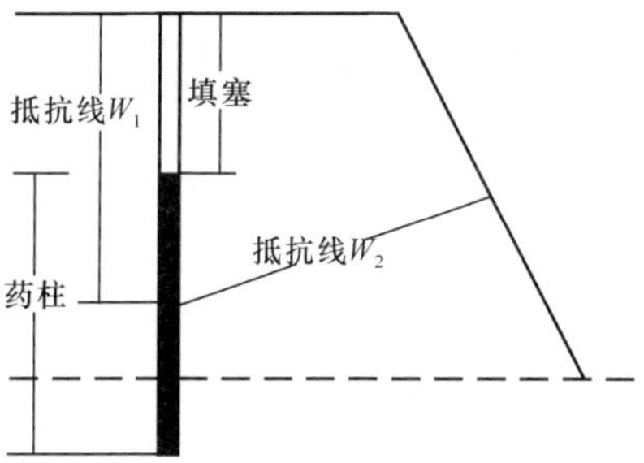

图 8.2 炮孔填塞改变抵抗线示意图

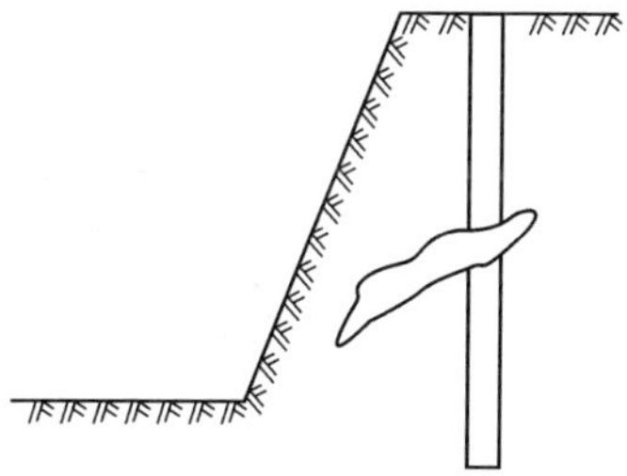

图 8.3 地质条件改变抵抗线示意图

8.1.2 爆破飞石距离的确定

8.1.2.1 爆破飞石距离的理论公式

飞石抛落距离取决于抛射角、初速和地形、风向等各种因素，飞石本身形状和尺寸也有很大影响。当忽略空气阻力时，飞石最大抛落距离可由下式计算：

$$R_{max} = \frac{v_0^2 \sin 2\alpha}{g}$$

山区爆破要考虑地形影响，沿山坡下方抛散时飞石抛落距离为：

$$R_{max} = \frac{2v_0^2 \cos^2\alpha(\tan\alpha + \tan\beta)}{g}$$

式中　v_0——飞石初速度，m/s；

α——飞石抛射角，(°)；

β——山体坡角，(°)；

g——重力加速度，9.81m/s²。

抛射角 $\alpha=45°$时飞散最远。大量测试数据表明，松动爆破时飞石初速约为10~20m/s，抛掷爆破时飞石初速约为30~100m/s，但个别飞石的初速值还难于用理论解析方法确定。

由于地形高差的影响，飞石向下坠落后会蹦跳一段距离，这段距离可用下式来确定：

$$\Delta X = R_F[2\cos^2\alpha(\tan\alpha + \tan\beta) - 1]$$

式中　ΔX——蹦跳距离，m；

R_F——个别飞石的飞散距离，m；

α——最小抵抗线与水平线的夹角，(°)；

β——山坡坡面角，(°)。

在高山地区进行硐室大爆破时，尚需考虑爆破后岩块沿山沟滚滑的范围。如某地在山区进行松动爆破，岩块沿山坡滚滑的距离达700m。当山沟坡度较大而又有较厚的积雪时，爆破后的岩块将滚滑很远。如某矿一次抛掷大爆破，岩块沿两侧山沟滚动形成岩石流，流动的距离达4km。

总结几次硐室爆破飞石事故后得出，造成飞石抛散过远原因是：(1) 装药洞口填塞质量差，冲出的高压气体夹有许多石块，飞散较远；(2) 岩体不均质，从软弱夹层方向冲出飞石；(3) 装药最小抵抗线不准，因过量装药产生飞石；(4) 鼓包破裂后，沿最小抵抗线方向获得较大初速的个别飞石。

8.1.2.2　炮孔爆破飞石距离经验公式

A　按照炸药单耗、炮孔直径和爆破的统计规律给出的公式

根据 Lundborg 的统计规律，结合我们的工程实践经验，深孔爆破飞石距离可由下式计算：

$$R_{F,\ max} = K_T q D$$

式中　K_T——与爆破方式、填塞长度、地质和地形条件有关的系数，垂孔台阶爆破，$K_T=1.0\sim1.5$，水平孔台阶爆破：$K_T=1.5\sim2.5$；

q——炸药单耗，kg/m^3；

D——药孔直径，mm。

B 露天台阶爆破按照药孔直径给出的公式

瑞典德汤尼克研究基金会对露天台阶爆破的飞石问题进行研究，提出下面的经验公式来估算台阶深孔爆破的飞石距离：

$$R_{F,\ max} = K\varphi \cdot D$$

式中 $R_{F,max}$——飞石的飞散距离，m；

$K\varphi$——安全系数，取15~16；

D——药孔直径，cm。

该经验公式适用于单位炸药消耗量达到0.5kg/m^3的爆破条件，正常台阶爆破的飞石一般不会太远，多数小于上式计算的距离。但是，当填塞长度过小或最小抵抗线过大而形成爆破漏斗效应，以及岩石中含有软弱夹层，或梯段深孔爆破由于过量装药、穿孔位置错误、工作面局部超挖、介质不均匀性、岩体有薄弱面、起爆顺序错误等种种原因，个别飞石距离可能大于200m，甚至个别飞石飞散得很远，有时可能飞出1km。最坏的情况是采用大直径的药孔爆破。

8.1.2.3 露天爆破飞石安全距离经验值

露天台阶爆破时，人员与爆破地点的爆破飞石安全距离的经验值见表8.1。

表8.1 爆破飞石安全距离的经验值

爆破方法	人员与爆破地点间最小距离/m
二次爆破、蛇穴爆破	400
浅孔、深孔爆破，药壶爆破	200
深孔扩壶	100
浅孔扩壶	50
药室爆破	按照 $R_F = 20K_F n^2 W$ 确定

注：1. 沿坡度大于30°的山体向下爆破时，本表所列数据应增大50%。

2. 式中，R_F 为个别飞石（土）的安全距离，m；K_F 为安全系数，一般取1.0~1.5，根据地形与不同方向上可能产生飞石的条件而定；n 为最大一个装药的爆破作用指数；W 为最大一个装药的最小抵抗线，m。

8.1.2.4 爆破安全规程规定的爆破飞石安全距离

《爆破安全规程》（GB 6722—2013）规定，除抛掷爆破以及其他爆破的飞石对设备、建筑物的安全距离须由设计确定外，露天土岩爆破个别飞石对人员的最小安全距离应按照以下数据确定。

（1）破碎大块岩石：裸露装药爆破（同时起爆或毫秒延期起爆的装药量，

包括同时起爆的导爆索药量，不应超过20kg）400m；浅孔爆破法300m。

（2）浅孔爆破：200m（复杂地质条件下或未形成台阶工作面时不小于300m）。

（3）深孔爆破：按设计，但不小于200m。

说明：对露天土岩爆破，沿山坡爆破时，下坡方向的飞石安全距离应增大50%。

8.1.3　爆破飞石的预防措施

对于爆破飞石效应，可采取以下预防措施：

（1）布孔前详细测量爆体尺寸，确保实际最小抵抗线不小于设计值。

（2）使最小抵抗线方向避开重点保护目标，指向开阔区。

（3）根据岩石性质和具体的地质条件确定合理的装药量、装药集中度和单耗药量。

（4）加强填塞质量，填塞长度应大于最小抵抗线或30倍孔径。

（5）严格执行钻孔测量验收制度；对不利的地质条件应在装药量、装药结构与布孔方面采取相应措施。

（6）尽量避免多药包同时起爆，采用微差起爆方式，并保证前后排延时间隔大于或等于50ms。

（7）当邻近建筑物爆破时，可调整爆破开采的作业面方向及工作面采用有效覆盖等措施。

（8）所有人员撤至设计的或爆破安全规程规定的安全距离以外。

8.2　爆破振动

8.2.1　危险半径

在爆破设计时，为了避免爆破振动对周围建筑物产生破坏性的影响，必须计算爆破振动的安全距离，即危险半径。爆破前必须确定爆破振动的危险半径，同时计算一次爆破允许的安全装药量。

8.2.1.1　爆破振动安全距离的一般算式

爆破振动的安全距离计算：

$$R_c = \left(\frac{K}{v_{kp}}\right)^{\frac{1}{a}} Qm$$

一次爆破允许的安全装药量计算：

$$Q_{max} = R^{\frac{1}{m}} \left(\frac{v_{kp}}{K}\right)^{\frac{1}{am}}$$

式中 R_c——爆破振动安全距离，m；

Q_{max}——一次爆破允许的安全装药量，kg；

v_{kp}——被保护建筑物允许的临界安全振动速度，cm/s。

其他符号意义同前。

8.2.1.2 其他经验公式

爆破引起的土岩振动对建筑物的安全距离计算：

$$R_c = K_c \eta \sqrt[3]{Q}$$

式中 R_c——自爆破地点至建筑物的距离（爆破振动影响半径），m；

K_c——根据建筑物的地基土壤而定的系数，按照表8.2选取；

η——取决于爆破作用指数 n 的系数，$\eta = n^{-1/3}$，且当 $n \leqslant 0.5$ 时，均取 $n = 0.5$ 计；

Q——爆破装药量，kg。

当爆破地点至建筑物的实际距离 $R \geqslant R_c$ 时，建筑物为安全；否则不安全。

表8.2 系数 K_c 值

所保护建筑物地区的地基类型	K_c 值	备 注
坚硬致密岩石	3	装药在水中或含水土壤中爆炸时，系数值应增大0.5~1.0倍
坚硬破裂的岩石	5	
砾石和碎石土壤	7	
砂土	8	
黏土	9	
回填土	15	
含水土壤（流砂和泥煤土层）	20	

8.2.2 降低爆破振动效应的安全措施

为了减小爆破振动对爆区周围建筑物的影响，应根据被保护目标与爆点的相对位置、距离、分布情况，控制爆破振动有害效应作用范围。

（1）微差爆破。首先基于震源能量，将一个大震源变成若干小震源，鉴于爆破振动信号的干扰、分离等特征，在总爆破药量不变的情况下，将爆破振动强度大大降低，主振频率相应提高，从而减轻了爆破振动的破坏作用。为了实现这一目标，最初只是基于工业雷管的延时来进行控制，而后逐步发展了接力式起爆网路，分区分片接力式起爆网路等。

（2）预裂爆破。因爆破振动传播遇空气间隔交界面会中止，为此在爆源与保护物之间一定深度、宽度的预裂面，尽管预裂面不能阻止爆破振动波的绕射影响，但地表的瑞利波得到很大削弱，从而大大减少了爆破振动对后侧保护物的影响。

（3）减振沟槽。复杂环境条件路堑爆破施工过程中采用减振沟槽爆破地震波经过沟槽时，我们要考虑到沟槽效应。沟槽除隔振作用以外，还有以下特点：

1）沟槽边缘的质点振动强度具有放大效应。爆破地震波传播到沟槽边缘时，振动强度增加。地震波经过沟槽后，沟槽对面的边缘部分地震强度不是衰减，而是放大。

2）沟槽底部的地震波具有体波的特征。当沟槽宽度不大时，沟槽底部的地震波形具有体波的特征，即振幅小，频率高。

3）爆破地震沟槽效应具有分区特性。由于存在沟槽效应，不同区段地震波变化规律不同。防震沟宜设置在爆源近区，不能设置在距保护的建（构）筑物太近的地方，以免使被保护物处于沟槽的动力响应区内。

4）沟槽具有隔震效果。沟槽对面波具有很好的隔震作用，表现在波形图上，频率低、振幅大的面波经过沟槽及其边缘放大区之后有明显的衰减。沟槽对体波的隔震作用较小。沟槽深度愈大，隔震效果愈好，当沟槽深度大于爆源深度时，有明显的隔震效果。

（4）避免压渣爆破。深孔台阶爆破中压渣爆破可有效改善破碎质量，但从振动安全考虑，受爆体前存在大量压渣，将使受爆体约束加强，从而使更多振动波能量传入保留岩体中，进而对保护物的振动安全造成不利影响。所以，为减少振动危害，应先将台阶坡面和底部根坎清理干净，使受爆体顺利沿最小抵抗线方向推出。

（5）控制主振频率。在同样爆破振动强度的条件下，主振频率越低，越接近保护物的自振频率，引起建（构）筑物破坏的可能性越大。为此，通过减少单响最大起爆药量和缩短延迟时间等方法可有效加大主振频率，从而使爆破振动的安全性提高。

（6）干扰降振。由于先后到达保护物的振动波在峰谷相交时可抵消或降低振动强度，理论上在确定爆破主振频率后，以半周期的时间设置延迟间隔即可达到干扰降振的目的。但是，实际工程中，由于每次爆破的保护物不止一个，各自到爆区的距离不同，主振频率变化不定，不易确定合适的间隔时间。另外，即便找到了合适的间隔时间，因普通雷管的延时精度至少有±10ms 的误差，无法达到预期的精确延时控制，致使干扰降振基本停留在理论层面上。

近年来，随着电子起爆技术的发展，高精度时差控制才得以实现，现已有工程开展了干涉降振的探索实践。

（7）缓冲爆破降振。该方法于 20 世纪 90 年代末提出，其具体做法是在深孔爆破时，孔底预留一段空气段，避免了炸药爆轰直接作用孔底，而整个炮孔爆炸后其爆生气体同样会将底部岩体破坏，达到既不留根坎，又减弱应力波作用，进而减少振动能量的传播。

（8）合理选取微差起爆的间隔时间、起爆顺序和起爆方案。保证爆破后的岩石能得到充分松动，消除夹制爆破的条件，使爆炸能量及时得到有效的逸散，减小转化为爆破地震波的能量。

（9）合理选择爆破的方式。采用飞散爆破，爆炸能量中会有更多的一部分形成空气冲击波，使转化为地震波的能量相对减小，爆破振动强度随之减小。在一定场合下（如地下室内基础爆破）适当使碎块飞散，既有利于目标的破碎也能降低爆破振动的强度。例如，爆破作用指数 $n=1.5$ 的飞散爆破比 $n=0.81$ 的松动爆破，地震波强度平均降低 4%~22%。另外，在飞散爆破中，最小抵抗线方向的振动强度最小，反方向最大。

（10）严格按照被保护目标的抗震能力及其与爆点的相对距离等确定的一段（次）最大起爆药量进行装药和分段，把爆破振动引起的地面质点振动速度控制在周围需保护设施所允许的振动速度（即安全振动速度）以下，确保被保护目标的安全。

（11）合理选取爆破参数和单位炸药消耗量。单位炸药消耗量过高会产生强烈的振动和空气冲击波。单位炸药消耗量过低则会造成岩石的破碎和松动不良，大部分能量消耗在振动上。因此，应通过现场的试验来确定合理的爆破参数和单位炸药消耗量。

（12）在露天深孔爆破中，防止采用过大的超深，过大的超深会增加爆破的振动。

（13）利用或创造减振条件。地形和地质条件是影响爆破地震强度的一个重要因素，实践表明，药量、距离和传播介质相同时，低于装药的地面，振动强度小，高于装药的地面振动强度大。爆破地点与被保护目标之间存在的沟、壕、坑以及岩石内部存在的裂隙等都有一定的减振作用。因此，在爆破地点与被保护目标之间可开挖防震沟；在同一爆破体上爆破其中一部分而保留另一部分时，可用预裂爆破首先在两部分之间形成预裂缝；为了防止爆破振动破坏露天的边坡，应采用预裂爆破处理边坡；在进行预裂爆破时，为了防止预裂爆破造成过大的振动，亦应采用分段延时起爆技术，并尽量减少每个分段同时起爆的炮孔数量。

8.3 空气冲击波

爆破冲击波同爆破地震效应等爆破有害效应一样，直接威胁人员、地面建筑物、地下构筑物以及设备和设施的安全，甚至会造成重大财产损失。所以，有效地控制爆破冲击波的危害，已成为爆破工程技术中重大关注的问题之一。

无论是结构物的接触爆破（包括岩土裸露装药爆破），还是非接触爆破，装药都是在空气中爆炸，而且会形成空气冲击波。从理论上讲，装药在空气中爆炸时，约有 90%的爆炸能量转化为空气冲击波和噪声，留在爆炸产物中的能量不足10%。实际上，传给冲击波和噪声的能量大约占 70%。对于岩土内部爆破，由于装填在炮孔、深孔和药室中的装药爆炸产生的高压气体通过岩石中的裂缝或孔口泄漏到大气中，冲击压缩周围的空气也会形成空气冲击波。

空气冲击波一般存在于爆源附近的一定范围内，对建筑物、设备和人员等会造成不同程度的危害，常常会造成爆区附近建筑物的破坏、人类器官的损伤和心理反应；而且当空气冲击波传播时，随着距离的增加，高频成分的能量比低频成分的能量更快地衰减，这种现象常常造成在远离爆炸中心的地方出现较多的低频能量，这是造成远离爆炸中心的建筑物发生破坏的原因。因此，爆破作业时必须确定其危害的距离。

8.3.1　爆破空气冲击波的特征

炸药爆炸时，无论药包周围的介质是空气或者是岩土、水，由于爆炸反应迅速释放出大量的能量，从而导致药包邻近的介质被冲击和压缩，进而便产生了空气冲击波。另外高温、高压、高速的爆炸气体产物以极高的速度向周围扩散，就如同活塞在充满气体的无限长的管子中高速运动，强烈地压缩着相邻的气体，使其压力、密度、温度状态参数突跃式的升高，形成初始的空气冲击波。

爆炸产物这个“活塞”最初以极高的速度沿爆破中心辐射方向运动。由于传播半径不断增大，能流密度不断减小，单位质量气体的平均能量不断下降以及在传播过程中的能量损耗，它的速度迅速衰减，一直到零为止，即形成压力降低区。由于压力急剧下降，而体积不断膨胀。当爆炸产物膨胀到某一特定体积时，它的压力就降至周围空气未经扰动时的初始压力 p_0。但是，由于惯性作用，此时，爆炸产物并不会停止运动，而是过度膨胀，一直膨胀到某一最大容积。这时，爆炸产物的平均压力已低于周围气体未扰动时的初始压力 p_0，这就出现了负压区。出现负压后，周围的气体反过来又向爆炸中心运动，对爆炸产物进行第一次压缩，使其压力不断增加。同样，由于惯性作用，将产生过度压缩，爆炸产物的压力又会出现大于 p_0 的情况。这就又开始第二次膨胀、压缩的脉动过程。经过若干次膨胀、压缩的脉动过程后，最后停止，达到平衡。由于空气的密度小，惯性也小，有实际意义的只是第一次膨胀—压缩的脉动过程。图 8.4 为典型的爆破空气冲击波 Δp-t 曲线。

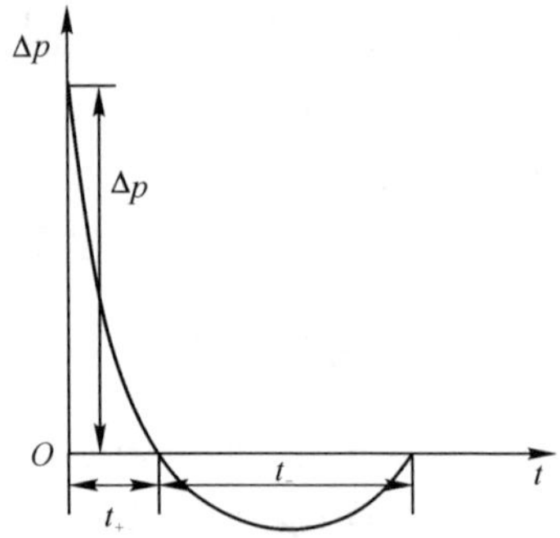

图 8.4　爆破空气冲击波 Δp-t 曲线

8.3.2 爆破空气冲击波的基本参数计算

由图8.4可以看出，爆破空气冲击波的能量主要集中在正压区（亦称压缩相）。就对岩石的破坏作用来说，正压区的影响远远大于负压区（也叫稀疏相）。所以，对岩石的破坏作用，一般可不考虑负压区的影响和作用。因此，爆破空气冲击波对目标的破坏作用，常用超压 Δp、正压作用时间 t_+ 和比冲量 I_+ 三个参数来度量。

8.3.2.1 峰值超压 Δp

药包爆炸时形成的空气冲击波波阵面上的超压，根据高速流体力学理论，得出的计算公式为：

$$\Delta p = \frac{7}{6}p_0\left(\frac{v^2}{c_0} - 1\right)$$

$$c_0 = 331\left(1 + \frac{T_a}{546}\right)$$

$$v = c_0 \cdot \sqrt{1 + 0.83\frac{\Delta p}{p_0}}$$

式中 Δp——峰值超压，kPa；

p_0——未受扰动的空气压力，kPa；

c_0——未受扰动的空气声速，m/s；

v——空气冲击波波阵面质点运动速度，m/s；

T_a——空气的温度，℃。

工程实践表明：药包形状对爆源附近的空气冲击波场有明显的影响。

8.3.2.2 正压作用时间 t_+

对于矿井内破岩作业，爆炸产生的空气冲击波正压作用时间为：

$$t_+ = 1.5 \times 10^3\left(\frac{2\pi R^5 q_T}{S}\right)^{\frac{1}{6}}$$

式中 t_+——空气冲击波正压作用时间，s；

S——巷道的断面积，m^2；

q_T——梯恩梯炸药的药量，kg。

8.3.2.3 比冲量 I_+

比冲量是由空气冲击波波阵面超压曲线 $\Delta p(t)$ 与正压区作用时间确定，即

$$I_+ = \int_0^{t_+}\Delta p(t)\,dt$$

式中 I_+——比冲量，$N \cdot s/m^2$。

按照上式计算比较复杂，有时甚至难以求出，一般常用经验公式计算。

应当指出的是，炸药的品种以及装药密度对比冲量也有一定影响。

8.3.2.4 空气冲击波的作用规律在刚性地面的反射

A 正反射

当入射角 β 为零时称为正入射。此时，冲击波在刚性地面上的反射称为正反射，其反射超压计算式为：

$$\Delta p_{反} = 2\Delta p_{入} + \frac{6\Delta p_{入}^2}{\Delta p_{入} + 7p_0}$$

式中 $\Delta p_{反}$——反射超压，Pa；

$\Delta p_{入}$——入射超压，Pa；

p_0——初始压力，Pa。

B 正规反射

当入射角 β 小于某一极限角度时的斜反射叫做正规反射。实验表明：当入射压力小于 3×10^5 时，则反射压力与入射角无关，仍可按上式进行估算。

C 马赫反射

当入射角 β 处于 $\beta_{极} < \beta < 90°$ 时，入射波和反射波在反射表面合成为新的冲击波，该波称为马赫波。这种反射叫做马赫反射，其峰值超压可按下式估算：

$$\Delta p_{马} = \Delta p_1(1 + \cos\beta)$$

式中 Δp_1——同等药量在地面爆炸时的峰值超压，Pa。

8.3.3 爆破空气冲击波的破坏判据

工程实践表明，药室大爆破或者井下大爆破，都会产生强烈的空气冲击波，对人员或者建筑物以及地下构筑物等产生伤害。科学地制定爆破冲击波的安全判据，是工程爆破的迫切需要，也是确定安全距离进行防护设计计算的主要依据。由于人们对爆破空气冲击波的研究历史尚短，目前一些计算安全距离的公式多半是经验公式，还有待于进一步研究完善。

8.3.3.1 空气冲击波对人员损伤的判据

空气冲击波对人员、建筑物的破坏作用是一个极复杂的问题。它不仅与作用在目标上空气冲击波波阵面上的压力、冲量、作用时间、波速等参量有关，而且与目标的形状、本身的强度等因素密切相关。

空气冲击波对人员的伤害，目前是以超压作为判据标准，具体对暴露人员损伤程度参见表 8.3。

表 8.3 超压对人员的损伤程度

等级	损伤程度	超压/$\times10^5$Pa
轻微	轻微挫伤肺部和中耳、局部心肌撕裂	0.2~0.3
中等	中度中耳和肺挫伤，肝、脾包膜下出血，融合性心肌撕裂	0.3~0.5
重伤	重度中耳和肺挫伤，脱臼，心肌撕裂，可能引起死亡	0.5~1.0
死亡	体腔，肝脾破裂，两肺重度挫伤	>1.0

还应指出的是，空气冲击波对人员的伤害，除了波阵面压力外，还有在其后面的爆轰产物气流不可忽视。比如当超压达（0.3~0.4）$\times10^5$ 时，气流速度达 60~80m/s，这样的高速气流，人员是无法抵御的，加之气流中往往还夹杂碎石等物，更加重了对人员的损害。

8.3.3.2 对建筑物破坏的判据

空气冲击波对建筑物的破坏效应主要是由超压和冲量引起的。试验资料表明：空气冲击波正相作用时间 t_+ 如果远小于建筑物本身的振动周期 T $\left(\frac{t_+}{T}\leqslant 0.25\right)$ 时，空气冲击波对建筑物的作用主要取决于冲量；反之，若 t_+ 远大于 T $\left(即\frac{t_+}{T}\geqslant 10\right)$ 时，则空气冲击波对建筑物的破坏主要取决于超压。表 8.4~表 8.6 分别列出了部分建筑物的破坏判据。

表 8.4 部分建筑构件的自振周期及破坏载荷

项　目	砖墙		0.25m 厚钢筋混凝土墙	大梁上的楼板	轻型隔板	装配玻璃
	二层砖	一层半砖				
自振周期/s	0.01	0.015	0.015	0.3	0.07	0.01~0.02
静载荷/$\times10^5$Pa	0.45	0.25	3.0	0.1~0.16	0.05	0.05~0.10
比冲量/N·s·m^{-2}	220	190				

表 8.5 不同超压对建筑物的破坏

超压 Δp/$\times10^5$Pa	破坏情况
0.15~0.02	房屋玻璃破坏
0.1~0.2	建筑物局部破坏；汽车、土方机械玻璃破坏，车身、驾驶室轻度撞陷
0.2~0.3	建筑物轻度破坏，墙裂缝
0.4~0.5	建筑物中度破坏，墙大裂缝

续表 8.5

超压 $\Delta p/\times10^5$Pa	破坏情况
0.6~0.7	建筑物严重破坏，部分倒塌，钢筋混凝土破坏；汽车驾驶室严重撞陷破坏
>0.7	砖墙倒塌
1.0~2.0	钢筋混凝土建筑物破坏，防震钢筋混凝土破坏
2.0~3.0	钢架桥破坏

表 8.6 建筑物的破坏程度与超压的关系（GB 6722—2013）

破坏等级		1	2	3	4	5	6	7
破坏等级名称		基本无破坏	次轻度破坏	轻度破坏	中等破坏	次严重破坏	严重破坏	完全破坏
超压 $\Delta p/10^5$Pa		>0.02	0.02~0.09	0.09~0.25	0.25~0.40	0.40~0.55	0.55~0.76	>0.76
建筑物破坏程度	玻璃	偶然破坏	少部分破成大块，大部分呈小块	大部分破成小块到粉碎	粉碎	—	—	—
	木门窗	无损坏	窗扇少量破坏	窗扇大量破坏，门扇、窗框破坏	窗扇掉落、内倒，窗框、门扇大量破坏	门、窗扇摧毁，窗框掉落	—	—
	砖外墙	无损坏	无损坏	出现小裂缝，宽度小于5mm，稍有倾斜	出现较大裂缝，缝宽5~50mm，明显倾斜，砖垛出现小裂缝	出现大于50mm的大裂缝，严重倾斜，砖垛出现较大裂缝	部分倒塌	大部分到全部倒塌
	木屋盖	无损坏	无损坏	木屋面板变形，偶见折裂	木屋面板、木檩条折裂，木屋架支座松动	木檩条折断，木屋架杆件偶见折断，支座错位	部分倒塌	全部倒塌
	瓦屋面	无损坏	少量移动	大量移动	大量移动到全部掀动	—	—	—
	钢筋混凝土屋盖	无损坏	无损坏	无损坏	出现小于1mm的小裂缝	出现1~2mm宽的裂缝，修复后可继续使用	出现大于2mm的裂缝	砖墙承重者全部倒塌，承重钢筋混凝土柱严重破坏

续表 8.6

破坏等级		1	2	3	4	5	6	7
建筑物破坏程度	顶棚	无损坏	抹灰少量掉落	抹灰大量掉落	木龙骨部分破坏下垂	塌落	—	—
	内墙	无损坏	板条墙抹灰少量掉落	板条墙抹灰大量掉落	砖内墙出现小裂缝	砖内墙出现大裂缝	砖内墙出现严重裂缝至部分倒塌	砖内墙大部分倒塌
	钢筋混凝土柱	无损坏	无损坏	无损坏	无损坏	无破坏	有倾斜	有较大倾斜

8.3.4 爆炸空气冲击波安全距离的确定

8.3.4.1 冲击波对建筑物和设施的安全距离

空气冲击波对建筑物和设施的安全距离计算：

$$R = K_B \sqrt{Q}$$

式中 R——从装药中心到目标的距离，m；

Q——梯恩梯当量的装药量，kg；

K_B——与目标性质有关的系数，见表 8.7。

表 8.7 安全系数 K_B

安全等级	建筑物破坏程度	安全系数 K_B
Ⅰ	安全无损坏	50~100
Ⅱ	玻璃设备偶然破坏	10~30
Ⅲ	玻璃完全破坏，门、窗局部破坏	5~8
Ⅳ	门、窗、隔墙、板棚破坏	2~4
Ⅴ	不坚固的砖石及木结构建筑破坏，铁路车辆被颠覆，输电线破坏	1.5~2
Ⅵ	城市建筑和工业建筑物全破坏，铁路桥梁和路基破坏	1.4

8.3.4.2 露天爆破冲击波对建筑物和设施的安全距离

露天爆破空气冲击波的安全距离按下式计算：

$$R = K_n \sqrt{Q}$$

式中 R——空气冲击波安全距离，m；

K_n——按爆破作用指数 n 值选取的系数，见表 8.8；

Q——总装药量，kg。

对松动爆破可不考虑空气冲击波的影响。对加强松动爆破，K_n 值可按 0.5~1.0 进行计算。

表 8.8　系数 K_n 值

建筑物破坏程度	爆破作用指数		
	$n=3$	$n=2$	$n=1$
完全没有破坏	5~10	2~5	1~2
偶然损坏玻璃窗	2~5	1~2	破坏限于抛掷漏斗内
玻璃破碎、门窗部分破坏、抹灰脱落	1~2	0.5~1.0	

8.3.4.3　按照冲击波极限超压 Δp 值确定爆破安全距离

爆破作用指数 $n<3$ 的爆破作业，对人员和其他保护对象的防护，应首先考虑个别飞散物和地震安全允许距离。地下爆破时，对人员和其他保护对象的空气冲击波安全允许距离由设计确定。

从考虑建筑物和人员允许的冲击波极限超压 Δp 值出发，计算爆破空气冲击波安全距离的公式是：

当 $n\geqslant 1$，

$$R = \frac{2(1+n^2)}{\sqrt{\Delta p}}\sqrt{Q}$$

当 $n<1$，

$$R = \frac{4n^2}{\sqrt{\Delta p}}\sqrt{Q}$$

式中　R——空气冲击波安全距离，m；

n——爆破作用指数；

Δp——冲击波极限超压，0.1MPa，对建筑物参见表 8.6、表 8.9；

Q——总装药量，kg。

表 8.9　空气冲击波的破坏等级

破坏等级	建筑物破坏程度	超压/$\times 10^5$Pa
Ⅰ	砖木结构，完全破坏	>2.0
Ⅱ	砖墙部分倒塌或开裂，土房倒塌，土结构建筑物破坏	1.0~2.0
Ⅲ	木结构梁柱倾斜，部分折断；砖木结构屋顶掀掉，墙局部移动和开裂，土墙裂开或局部倒塌	0.5~1.0
Ⅳ	木隔板墙破坏，木屋架折断，顶棚部分破坏	0.3~0.5
Ⅴ	门窗破坏，屋顶瓦大部分掀掉，顶棚部分破坏	0.15~0.3

续表 8.9

破坏等级	建筑物破坏程度	超压/×10^5Pa
Ⅵ	门窗部分破坏，玻璃破坏，屋顶瓦部分破坏，顶棚抹灰脱落	0.07~0.15
Ⅶ	玻璃部分破坏，屋顶瓦部分翻动、顶棚抹灰部分脱落	0.02~0.07
Ⅷ	房屋玻璃完全无损	<0.001~0.05

8.3.5 爆破空气冲击波的测量

从上述可知，描述冲击波的特征参数主要有：峰值超压 Δp_m（或峰值压力 p_m），比冲量 I_+和正相作用时间 t_+。完整地测量并记录冲击波 $P(t)$ 曲线，对于研究冲击波的特征来说，是很必要的。但是，要直接、完整、精确地测量和记录下 $P(t)$ 曲线比较困难，一般只需要峰值压力的资料。峰值压力可直接测量，也可以通过测量冲击波的速度 D，由下式换算获得：

$$D = 340\sqrt{1 + 0.83\frac{\Delta p}{p_0}}$$

因此，爆破空气冲击波测量系统大致分为两大类：速度测量系统和压力测量系统。

8.3.5.1 爆破空气冲击波速度测量系统

爆破空气冲击波速度测量系统通常都是走时系统，即测量冲击波通过两确定点所需要的时间。使用这种测量系统去表征冲击波瞬时速度的方法有两种：其一是以冲击波在两确定点的平均速度来表征该两点中点的瞬时速度。但是，由于冲击波在传播过程中，压力和速度不断衰减，特别是近爆区，速度变化率很大。若 L 较大，用平均速度表征该两确定点中点的瞬时速度，将造成比较大的误差，除非该两确定点的间距 L 趋于 0。这样对长度的测量精度和时间间隔测量的精度都提出了十分苛刻的要求。其二采用测定距爆心不同距离各点的冲击波到达时间，然后经过一定的数学处理，得到冲击波的走时曲线 $t(r)$，一般冲击波速度测量系统常常选用第二种方法。图 8.5 所示为冲击波走时测量系统方框图，T_0 一般安装在药包中心或安放在药包表面，它的输出信号用来作为爆破冲击波真实产生的时间，即冲击波的零时信号。图 8.6 为冲击波走时曲线 $t(r)$。

8.3.5.2 爆破空气冲击波压力测量系统

测量爆炸空气冲击波的仪器分电子测试仪和机械测试仪两大类。前者的测量精度较高，灵敏度较好。后者的结构简单，使用方便，但测量精度较低。

电子测试仪系统一般包括传感器、记录装置和信号放大器。

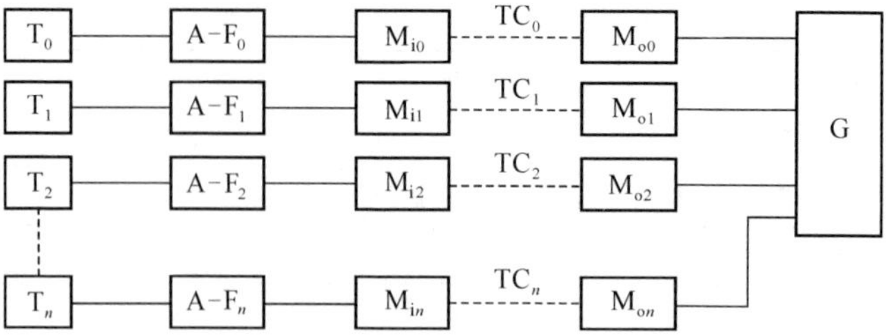

图 8.5　冲击波走时测量系统方框图

$T_0 \sim T_n$—传感器；$A-F_0 \sim A-F_n$—放大和整形电路；$M_{i0} \sim M_{in}$—始端匹配网络；
$TC_0 \sim TC_n$—传输电缆；G—时间间隔测量装置；$M_{o0} \sim M_{on}$—终端匹配网络

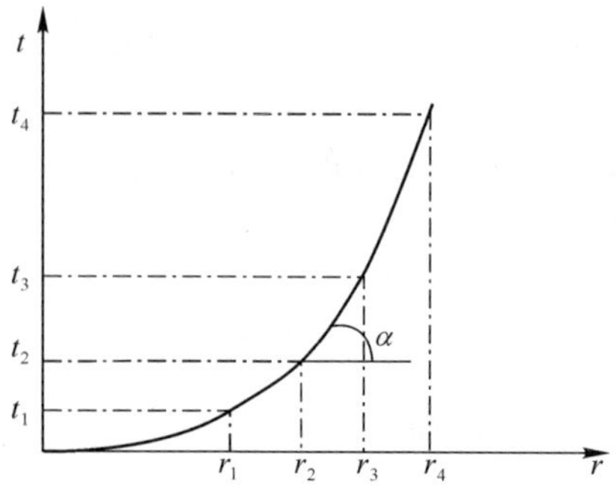

图 8.6　冲击波走时曲线 $t(r)$

传感器是接收空气冲击波信号的元件，它又分为压电式、电阻应变式和电容式三种。

记录装置是把信号记录下来的装置。可以采用阴极射线示波器、记忆示波器和瞬态波形记录仪。信号放大器是将传感器输出的信号放大，无泄漏地传输给记录装置的元件。它装置在传感器和记录装置的中间。

8.4　爆破噪声

8.4.1　爆破噪声的概念

爆破噪声是爆破空气冲击波衰减后继续传播形成的一种声波，是指各种不同频率、不同强度的声音无规律地组合在一起所形成的声音。也就是空气冲击波随着传播距离的增加，其强度逐渐下降而变成噪声和亚声。噪声和亚声是空气冲击波的继续。噪声和亚声与空气冲击波的区别在于超压和频率。根据美国矿业局的观点，超压大于 7.0×10^3Pa 的为空气冲击波，超压低于此值的为噪声和亚声。按频谱划分，噪声的频率位于 20～20000Hz 的可闻阈内，亚声的频率低于 20Hz。日本学者明和小太郎解释：冲击波压力小于 180dB 时为声压。

TNT 炸药在空气中爆炸，由冲击波过渡到声压的临界距离与药量的关系见表

8.10。在一般的爆破作业中，噪声主要是炸药的爆炸声。

表 8.10 临界距离与药量的关系

装药量/kg	1	10	100	1000
临界距离/m	3.3	7.5	15	33

描述声音强弱的物理量是声压。声波在弹性介质中的传播所引起介质变化的稳态压力称为声压。一般人耳能感觉到的声压范围是 0.00002~20.0Pa。为便于计算和使用，声音的强弱通常不用声压来表示，而采用声压级（SPL）表示：

$$SPL = 20\lg\frac{p_e}{p_{ref}}$$

式中 SPL——声压级，dB；

p_e——待测声压有效值，0.1Pa；

p_{ref}——参考声压，等于 2.0×10^{-5}Pa。

在空气中参考声压 p_{ref} 一般取 2.0×10^{-5}Pa，这个数值是正常人耳对 1.0×10^3Hz 声音刚刚能觉察其存在的声压值，也就是 1.0×10^3Hz 声音的可听阈声压。一般讲，低于这一声压值，人耳就再也不能觉察出这个声音的存在了。显然，该可听阈声压的声压级即为零分贝。

8.4.2 爆破噪声的测量

噪声可用仪器测量。测量噪声所用的仪器有声级计、频率分析仪、自动记录仪和优质磁带记录仪。

声级计是由传声器、放大器、计权网络和指示器组成。传声器又叫话筒（麦克风）。它是把声信号转换成电信号的声电换能器。放大器是解决声级计内部电压放大的装置。

计权网络是根据人耳对声间的频率响应特性而设计的滤波器，它参考等响曲线设置 A、B、C 三种频率。测量爆破噪声时，多采用 A、C 频率。

指示器是声级计的表头，其读数是声压的有效值。

测量瞬时噪声时要采用脉冲声级计。但是测量约束药包产生的爆破低频噪声时，应采用线性或非计权的测量仪器。

8.4.3 爆破噪声的危害作用及安全标准

爆破噪声会对人体健康产生危害作用，它主要是使人产生不愉快感觉，妨碍日常生活，使听力减弱。频繁的噪声使人的交感神经紧张，心脏跳动加快，血压升高，影响睡眠和激素的分泌。在 100dB 噪声的环境下长期工作，听力将会减弱；在 150dB 噪声的情况下，能使人耳聋；当噪声大于 130dB 时，即使持续时间很短，对人体健康也会产生危害。为对噪音的大小进行概略地比较，联合国世界保健组织规定了一个标准：距离音源 10m 测定的噪声大小（见表 8. 11）。

表 8. 11　距离音源 10m 测定的噪声大小　dB

耳语	2 人交谈	2 辆汽车	混凝土搅拌机	10 辆汽车	讲话困难	飞机	喷气式飞机
无耳塞：<20	25～30	60～70	70～80	80～90	90～100	130～150	150
有耳塞：<30	30～50						

国外多数国家对于听力和环境噪音的允许标准都作出了规定。我国国家劳动总局和卫生部于 1980 年也公布了工业噪声的卫生标准（听力保护标准），见表 8. 12。

表 8. 12　我国制定的听力保护标准　dB

噪声暴露时间	8h	4h	2h	1h	30min	15min	8min	4min	2min	1min	30s
老企业	90	93	96	99	102	105	108	111	114	117	120
新企业	85	88	91	94	97	100	103	106	109	112	115

噪声对听觉及人体的影响，主要取决于噪声级、频率和工作时间。国际标准化组织（ISO）1961 年的规定是：连续噪声暴露时间 8h 为 90dB；1971 年又改为 85dB，暴露时间减半，允许的噪音级可提高 3dB，但最高不得超过 115dB。

因爆破噪声属于间歇性脉冲噪声，要求每一个脉冲声可小于 120dB。

关于环境噪声的允许标准，国际标准化组织（ISO）对不同地区、不同时间的环境噪声都有明确的要求：对于工业地区要求最低，白天为 60～70dB；晚上为 55～65dB；深夜为 50～60dB。对于爆破噪声，在城市内的人口密集区和工业区，有的国家将其限制在 90dB 以下。目前，我国《爆破安全规程》（GB 6722—2003）已明确规定：爆破噪声为间歇性脉冲噪声，在城镇爆破中每一个脉冲噪声应控制在 120dB 以下，复杂环境条件下，噪声控制由安全评估确定。即一无明确规定其标准，二是还难以达到准确的定量控制，通常是采取一定的措施将其减弱。

爆破噪声不仅对人员产生危害效应，与空气冲击波类似，对建筑物也会产生一定的破坏作用（见表 8. 13）。

表 8. 13　声效应的破坏情况

声级差/dB	建筑物破坏程度	超压/10^5Pa
171	大多数窗玻璃破坏	0. 07
161	玻璃部分破坏，屋顶瓦部分翻动，顶棚抹灰部分脱落	0. 02
151	一些安装不好的窗玻璃破坏	0. 007
141	某些大格窗玻璃破坏	0. 002
128	美国矿业局暂时规定的噪声安全值	0. 0005
120	美国环境保护机构推荐的亚声安全值	0. 0002

8.4.4 爆破噪声的预防措施

在复杂环境条件路堑爆破施工，宜采取以下措施控制噪声：

（1）不用导爆索起爆网路，在地表空间不应有裸露导爆索。

（2）不用裸露爆破。

（3）严格控制单位耗药量、单孔药量和一次起爆药量。

（4）实施毫秒爆破。

（5）保证填塞质量和长度。

（6）在爆炸气体易于逸散的部位和方向上实施覆盖或遮挡。

（7）放炮时间尽量避开早晨、傍晚、云层较低的雨天或雾天。

（8）对暴露在外的雷管、导爆索等爆炸品，用松散的土壤进行掩埋等。

（9）选择合理的爆破方式。实验表明，装药内部爆破时，传给空气的爆炸能量受到限制，爆破噪声强度将随装药比例埋深的增加而减少。标准梯段爆破时，同一比例距离的条件下将降低30~40dB。几千克量级的猛炸药爆破时，覆盖土1m厚，噪声可降低20dB。

（10）爆区周围有学校、医院、居民点时，应与各有关单位协商，实施定点、准时爆破。

8.5 爆破尘毒

炸药不良的爆炸反应会生成一定量的一氧化碳和氮的氧化物。此外，在含硫岩体中进行爆破作业，还可能出现硫化氢和二氧化硫（本节不作重点介绍）。上述四种气体都是有毒气体，凡炸药爆炸以后含有上述四种中的一种或一种以上的气体叫做炮烟，或称之为爆破毒气。人体吸入炮烟，轻则中毒，重则死亡。据我国部分冶金矿山爆破事故统计，炮烟中毒的死亡事故占整个爆破事故的28.3%。

8.5.1 爆破毒气的组分与毒性

炸药一般是含有不同成分的氧、氮、氢、碳原子为基础的化合物，按理想的爆炸反应是：碳氧化为二氧化碳，氮还原为单体氮。但实际反应并非如此简单，而是产生一定数量的氮氧化合物和一氧化碳，这就是主要的爆破毒气。

8.5.1.1 一氧化碳

A 一般性质

一氧化碳（CO）是在供氧不足情况下产生的无色无味气体。标准状态下密度为1.185g/dm^3（是空气密度的0.967倍），比空气轻些。故总是游离在坑道顶部，易用加强通风驱散。在相同条件下它在水中的溶解度比氧小。

B　毒性

一氧化碳的毒性在于它与血液中的血红蛋白能合成碳氧血红蛋白，达到一定浓度就会阻碍血液输氧，造成人体组织缺氧而中毒。血液吸收一氧化碳达到20%饱和状态就发生昏迷、呼吸短促与困难；达到50%饱和状态就很难站立，稍用力即昏迷，接近死亡。在含有一氧化碳成分的空气中，呼吸中毒致命的情况因人而异。在低浓度下短暂接触，会引起头昏眼花、四肢无力、恶心呕吐等，吸入新鲜空气后症状即可消失，也不致产生慢性后遗症。长时间在一氧化碳含量达0.03%环境中生活就极不安全；大于0.15%是危险的；达到0.4%就会很快死亡。必须注意的是，一氧化碳的毒性有累积作用，它与血球结合的亲和力要比氧与红血球的亲和力大250倍。已中毒的人通常并未觉察，但在走进新鲜空气中忽然倒下。含有一氧化碳的血液呈淡红色，饱和程度愈大，红色愈深。这是判断一氧化碳中毒的主要症状。

8.5.1.2　氮的氧化物

A　一般性质

爆破气体中氮的氧化物主要包括 NO、N_2O_3、NO_2/N_2O_4 等，一般假定以 NO_2/N_2O_4 为代表。

NO_2/N_2O_4 对空气的相对密度分别为1.59和3.18，故爆后可长期渗于碴堆与岩石裂隙，不易被通风驱散，出碴时往往挥散伤人，危害很大。

N_2O_3 是一种带有特殊化学性质的气体或混合气体，其物理性质类似于 NO 与 NO_2 的等分子混合物。它对空气的相对密度是2.48。能为水或碱液吸收产生亚硝酸或亚硝酸盐。

B　毒性

NO_2/N_2O_4 与 N_2O_3 易溶于水，当吸入人体肺部时，就在肺的表面黏膜上产生腐蚀，并有强烈刺激性。这些气体会引起刺鼻、辣眼睛、咳嗽及胸口痛等症状。低浓度时导致头痛与胸闷，浓度较高时可引起肺部浮肿而致命。这些气体具有潜伏期与延迟特性，开始吸入时，人体不会感到任何征候，但几个小时（常达12h）后会剧烈咳嗽并吐出大量带血丝痰液。中毒者常因肺水肿死亡。

NO 难溶于水，故不是刺激性的，其毒性是与红血球结合成一种血的自然分解物，损害血红蛋白吸收氧的能力，导致产生缺氧的萎黄病。最近的研究表明，NO 毒性虽稍逊于 NO_2，但它常常有可能氧化为 NO_2，故认为两者都是具有潜在剧毒性的气体。

据有关资料，离巷道工作面5~10m范围内、爆破后尚未通风的条件下，爆破气体中氮氧化合物浓度约为0.1%，在这样高浓度下呼吸，很短时间即可致命。浓度超过0.01%时，只要呼吸几小时，对人体就有很大伤害。

由于氮氧化合物的刺激作用，其含量浓度虽低于毒性水平，但若长期呼吸，也可造成慢性中毒。

大量事实证明，呼吸带有硅尘的氮氧化合物气体能加速产生硅肺病；反复呼吸微量氮氧化合物会产生一种黏膜炎病症，它会由于矿尘的存在而加剧，或使已存在的硅肺病加速发展。

爆炸气体除对肺的作用外，大量吸收还能使细胞组织中微发状运动停止，从而破坏了由肺部清除尘埃的防护功能。

8.5.2 爆破尘毒监测

我国《爆破安全规程》（GB 6722—2013）明确规定，地下爆破作业点的爆破有害气体浓度，不应超过表 8.14 的标准。

表 8.14 地下爆破作业点有害气体允许浓度

名　称	符号	最高允许浓度	
		体积分数/%	毒气含量/mg · m^{-3}
一氧化碳	CO	0.0024	30
氧化氮（换算成 NO_2）	NO_2	0.00025	5
二氧化硫	SO_2	0.00050	15
硫化氢	H_2S	0.00066	10
氨	NH_3	0.00400	30

露天爆破在爆区附近有坑道时，必须警惕毒气沿坑道或爆破裂隙向地下扩散的可能性。爆后应对空气取样监测，确认安全后才准人员进入。炮烟监测应遵守下列规定：

（1）应按 GB 18098 测定的方法来监测爆破后有害气体的浓度。

（2）露天爆破后，重新开始作业前，应检查工作面空气中的爆破有害气体浓度，且不应超过表 8.14 的规定值；爆后 24h 内，应多次检查与爆区相邻的井、巷、硐内的有毒有害物质浓度。

（3）爆破炸药量增加或更换炸药品种时，应在爆破前后测定爆破有害气体浓度。

8.5.3 预防措施

在实际爆破作业中，单位质量炸药爆后生成的气体为 300～500L/kg，其中有毒气体占 20～100L/kg。根据以上所述，降低有毒气体的危害程度，可采用以下措施。

8.5.3.1　使用合格炸药或选定炸药合理配方

从理论上设计接近零氧平衡的炸药，供爆破专用。根据我国相关研究资料，常用工业炸药的有毒气体含量不能超过 80L/kg。表 8.15 列出对我国现产矿用岩石硝铵炸药、煤矿硝铵炸药 113 种样品的检验结果，认为这些炸药爆后有毒气体含量未超过规定，符合矿用爆破要求。研制新品种炸药时，必须坚持通过实验室及工业性试验，得出结论才能推广使用。用户对所用炸药的性能与规格必须完全掌握，有条件时应按工业试验要求检验炸药各项指标（包括有毒气体成分及数量）是否符合要求。

表 8.15　炸药有毒气体检验结果

炸药品种	数量/个	有毒气体总量/L · kg^{-1}
岩石硝铵	39	21.4~49.13
煤矿硝铵	74	14.38~66.73
水胶、乳化油	39	15.0~76.0
胶质	5	15.96~24.6
高安全	9	43.59~111.74
铵松蜡	9	38.0~98.8
其他	23	

8.5.3.2　增大起爆能

起爆能不足会产生大量有毒气体，故选用感度较高、威力较大的炸药作为起爆药包，对感度较低的炸药（如铵油类、不含梯恩梯或含梯恩梯较少的硝铵类炸药等）尤为重要。同时，做好爆破器材防水处理，确保装药和填塞质量，避免半爆和爆燃。

8.5.3.3　选定合理装药形式

装药前必须将药孔内水及岩粉吹干净。根据情况采用散装药（耦合系数为 1），将会显著降低有毒气体浓度。此外，装药密度、起爆药包的位置、填塞物种类、堵塞质量等，对有毒气体的产生都有一定影响。

8.5.3.4　扩散时间与洒水

路堑爆破主要依靠自然通风、扩散，爆后一切人员必须等到有毒气体稀释至爆破安全规程中允许的浓度以下时，才准返回工作面。

洒水一方面可将溶解度较高的 NO_2、$N_2O_4 \cdot N_2O_3$ 转变为亚硝酸、硝酸；另一方面可将难溶于水的氮氧化合物（如 NO）从碎石堆或裂隙中驱赶出来便于随风流出工作面。在水中加入一定浓度的碱液，如 $Ca(OH)_2$、Na_2CO_3 等则效果更好。

8.5.3.5 加强炸药的质量管理

定期检验炸药的质量，注意防水和防潮，不要使用过期变质的炸药；避免炸药产生不完全的爆炸反应而产生过多的毒气。

8.5.3.6 起爆站选择

露天爆破选定起爆站和观测站时，应考虑爆破当天的风向和地形条件，点火站和观测站要尽量避免设在下风方向。若须在有毒气体影响范围内工作时，应采取有效的个人防护措施。

8.6 早爆预防

复杂环境条件路堑爆破施工，一旦发生早爆，后果不堪设想，必须要引起高度重视。

产生早爆的原因很多，主要是爆破器材质量不合格、杂散电流、静电、雷电、射频电、化学电等的影响，以及高温或高硫介质引起的炸药自然自爆和误操作等。

8.6.1 杂散电流的危害与预防

杂散电流是存在于电流电路以外的杂乱无章的分散电流，其大小、方向随时变化。

杂散电流有直流杂散电流和交流杂散电流两种。杂散电流主要来自动力线路或照明线路的漏电，以及大地自然电流、化学电和电磁波辐射等杂散电流源。

实测表明，杂散电流主要分布在导电物体之间，如岩体、水管和风管铁轨之间可能有较大的杂散电流存在，有时可达几个安培到十几个安培，这就给电爆网路带来早爆事故的危险性。这类早爆事故在国内外都曾经发生过，因此，采用电起爆方式时，必须预测爆区的杂散电流值及其分布规律，并应采取可靠的技术措施以防杂散电流引起早爆事故。

在测定爆区内的杂散电流时，如果爆区较大，测点比较分散时，一定要设置固定测点和临时测点。对于固定测点，装药前必须在爆区两端、中部以及耗电量较多的地点或直流网路的回馈点附近，进行定期观测，以掌握杂散电流的变化和分布规律。此外，重点测定对象是金属管道、矿体、岩石和钢轨等物。爆破前的测定时间不得小于爆破作业时间，只有掌握了该时间内杂散电流的变化规律，才有可能设法避开高峰，或在杂散电流高峰期间采取可靠的保安措施。当杂散电流值超过 30mA 时，应采取如下预防措施：

（1）减少杂散电流源，如拆除爆区内的金属物或在钢轨接头处引焊铜线以减小架空线回路电阻；清除散落在积水中的炸药等；

（2）局部或全部停电；

（3）采用抗杂散电流雷管或非电起爆网路。

8.6.2　静电的危害及预防

8.6.2.1　静电的产生

装药过程的机械化改善了爆破工艺技术和作业条件，使劳动生产率提高 2~5 倍。但是，在使用装药器对粉状炸药进行压气装药时，如果环境空气湿度低而炸药和输药管之间的绝缘程度高，则高速运动的炸药颗粒在输药管内运动过程中便产生静电积累，有时静电电压高达数万伏特。此时，静电泄漏形成的火花放电会使炸药浮尘爆燃而导致早爆事故。

试验研究表明，即使静电放电的电流小到几个微安，由于其能量的瞬时释放，放电火花对雷管也会有一定的引爆能力。压气装药时，静电火花放电的引爆能力取决于带电体的电场能量，而电场能量由下式确定：

$$E = \frac{1}{2}CV^2$$

式中　E——电场能量；

C——静电系统的电容量；

V——静电电压。

由此可见，电场能量同系统的电容和静电电压的平方成正比。静电电压高低是决定电场能量和放电能量的主要参数，也是评价静电对电雷管危险程度的主要依据。因此，为了掌握装药过程中的静电积聚情况和保证安全，在压气装药时应进行静电测定。测定静电的方法有网测法和箱测法两种，以 Q3-V 型静电电压表或 KS-325 型集电式电位测定仪测定装药部分的静电电压。

8.6.2.2　静电积聚的影响因素

在空气与炸药混合物的运动过程中和空气由装药分离出来的过程中，静电积聚明显，输药管等部件静电效应显著。其主要影响因素有：

（1）空气湿度。一般空气湿度与静电电压成反比。

（2）喷药速度。静电电压与喷药速度成正比，喷药速度达 5m/s 以上时，管壁表面产生静电荷，喷药速度为 20m/s 时可能产生火花。

（3）岩体的导电性。

(4) 输药管材质以及装药器和药包的对地电阻对输药管上静电电荷的积聚有一定的影响。

8.6.2.3 静电早爆的预防

防止静电早爆的有效技术措施是设法减少静电源和将已产生的静电电荷导入大地或使用抗静电的起爆器材。如提高空气湿度或炸药的含水率；采用半导体输药管或在输药管中加入石墨、烟黑、金属屑等掺料；限制炸药在输药管中的输送速度不超过20m/s；装药设备部件的有效接地，装药系统的接地电阻不得大于$1.0\times10^5\Omega$；压气装药结束以后，才将起爆药包放入炮孔中；采用抗静电雷管或其他非电起爆系统。这些措施都能较好地抑制静电的产生或使静电荷疏散与流失。

8.6.3 雷电引起的早爆及其预防

在露天爆破作业中，遇有雷雨天气时，雷电可能引起电爆网路的早爆。雷电引起电爆网路早爆的原因有：直接雷击、雷电磁场感应和带电云块的静电感应，尤其雷电磁场的磁力线切割电爆网路而感生的电流，是引起早爆事故的主要原因。

为了防止雷电引起电爆网路的早爆，雷雨天气禁止复杂环境条件路堑爆破施工。

8.6.4 射频电流引起的早爆及预防

当爆区附近有广播电台、电视台、中继台、无线电通信台或转播台射频电源时，应充分注意射频感应电流引起电爆网路早爆的可能性，因为发射台的功率一般较大，频率低，特别是535～1605kHz波段，射频能量在爆破网路中衰减慢，有引起早爆的潜在危险。

预防射频电引起早爆的措施有：查清爆区附近有无射频电源，如有并在危险范围之内时，应采用非电起爆系统；保持爆破网路稍贴地面敷设，避免形成大的圈形回路。

8.6.5 化学电及高硫岩体引起的早爆与预防

由于大地电或含硫岩体的化学电及含硫岩体高温等有引起早爆的危险。例如在硫化矿床中采用硝铵炸药爆破，当矿石中的水分在3%～14%、黄铁矿（FeS_2）的含量大于30%、硫酸亚铁与硫化亚铁的铁离子之和大于0.3%时的岩体，可能会引起炸药早爆。这主要是由于硝铵炸药与炮孔内含硫岩粉直接接触，生成的不稳定的硫酸亚铁进一步氧化成硫酸铁，进而与黄铁矿再反应形成铁离子促使其自爆。其实质是上述反应生成的硫酸与硝酸铵作用生成二氧化氮（NO_2）并放出热量，最终导致药包早爆。

预防含硫岩体早爆的措施有：

（1）预先测定硫化矿粉的铁离子浓度和含硫量。

（2）避免硝铵炸药与矿粉接触，吹干炮孔。

（3）改用其他种类炸药。

（4）炮孔灌泥浆或降温。

（5）缩短装药时间或采用耐高温的爆破器材等。

8.7　拒爆处理

复杂环境条件下的路堑爆破发生拒爆，不同于一般拒爆处理，会带来更多的风险。

8.7.1　电雷管为主起爆器材的拒爆

8.7.1.1　产生的原因

A　雷管方面的原因

雷管是起爆元件，连接方式采用串联或串并联形式连接在爆破网路中，一发雷管不响就能可能产生全部拒爆或部分拒爆。

（1）电雷管质量不合格。电雷管在出爆破材料库前虽然经过全电阻导通检验合格，但经过运输受到振动，有可能使雷管桥丝或脚线脱落或虚接，在工作面使用前，不可能再次进行导通检测，从而使用不合格的电雷管造成拒爆。

（2）选用了不同厂家、不同品种、不同批次的电雷管或选用的电雷管的电阻差值大于0.3Ω以上。起爆时，由于电雷管的起爆冲能、发火电流及发火时间不同，在同一爆破网路中敏感度高的电雷管先起爆，炸断了网路，而有些还没有发火的雷管就会拒爆。

（3）电雷管起爆能力不足。雷管受潮或因密封不严造成防水失效，或超过了雷管有效储存期造成了雷管的起爆能力不足。起爆能力不够会造成雷管响后炸药没有被引爆，产生拒爆或残爆。

B　起爆电源的原因

目前使用的发爆器均是防爆型电容式发爆器。

（1）通过电雷管的起爆电流值太小或通电时间过短。通过雷管的电流值太小没有达到雷管的准爆电流或因通电时间过短，雷管得不到所必须的引燃冲能而导致雷管拒爆。

（2）发爆器内电池电压不足、充电时间过短，未达到规定的电压值便放电起爆。国产防爆型发爆器多为电容式，靠的是高压脉冲电流起爆电雷管，大都采用机械式毫秒开关或电磁继电器限时 6ms 放电以满足煤矿井下爆破安全方面的要求。发爆器长期不停的使用，发爆器内的电池电压值降低，实现不了充电电压，或者发爆器充电时间过短，未达到额定的电压值就放电起爆，这样都可能造成网路中的雷管全部或部分拒爆。

(3) 发爆器的输出功率不足，起爆能力不够。不同规格的发爆器都有其额定爆能力（发），虽然设计计算无误，但实际上由于爆破网路实际电阻远高于计算电阻，这就造成了发爆器的输出功率满足不了实际要求（输出引燃冲能小于雷管的最大额定引燃冲能）产生拒爆。因此发爆器的实际起爆能力与额定起爆能力有一定差别，有时甚至很大。

(4) 发爆器管理保养不当。长期使用会使发爆器主电容容量降低，充电时达不到规定的额定电压值，使用过程中发爆器也会受潮，受潮后氖灯提前起辉，使人误认为已达额定电压，另外，发爆器开关触点熔蚀，接触不良等都会使发爆器的输出引燃冲能降低，起爆能力也就自然降低。

C 电爆网路方面的原因

(1) 电爆网路有串联、并联、串并联和并串联，使用发爆器时为多采用串联，由于爆破网路问题造成拒爆的原因主要有爆破母线不合格，电阻过大。

(2) 网路短路，错接或漏接，接头不牢、不洁净，有水或油腻等导致网路电阻增大，这些都能造成全部和部分雷管拒爆。

(3) 爆破网路漏电是另一产生拒爆的主要原因，煤矿井下作业环境较为潮湿、多有积水或泥浆，一旦与接头裸露部分接触，网路电阻值就会增大很多，在通电起爆瞬间，水（此时可视为电解质水溶液）的导电能力远比一般情况大得多，易造成爆破网路漏电严重，降低了通过电雷管的电流值，当小于雷管的最小发火电流时，雷管拒爆。

(4) 电爆网路各支路电阻不平衡，导致起爆时，部分支路雷管通过电流强度达不到准爆条件。

8.7.1.2 拒爆预防

针对以上拒爆产生的原因的分析，可从以下几个方面预防拒爆的产生：

(1) 优选爆破材料。特别是应使用合格的电雷管，禁止不同厂家生产的不同品种和不同性能参数的电雷管掺混使用，禁止使用过期失效和变质的雷管和炸药，定期抽查检测雷管的起爆能力。

(2) 加强雷管检测。雷管在出库发放前，必须使用专用的电雷管检测仪逐个进行电阻检查，并且按照电雷管电阻值的大小编组，将阻值一样或相近的编在同一个电爆网路中，禁止将电阻值相差过大的电雷管混用。

（3）正确地选用起爆器。起爆器额定功率必须满足一次放炮总个数的要求，考虑到环境条件和连线质量，有资料介绍，一般情况下起爆雷管的数目以不超过额定值的80%为佳。同时，对放炮器强化实行统一管理，做到统一收发，统一检测维修，定期更换电池，保持完好的工作状态，安全可靠。

（4）进行爆破网路准爆电流的计算，注重电爆网路的连接质量。电爆网路的连接要符合设计要求，防止错联和漏联，接头要拧紧，要保持清洁，防止变油污和泥浆污染而使接头电阻增大，储存时间较长的雷管还需刮去线头的氧化物、绝缘物、露出金属光泽，各裸露接头彼此应相距足够距离并不得触地，潮湿或有水时，应用防水胶布包裹，放炮母线要有较大的抗拉强度和耐压性能，电阻值要小，以减少线耗。每次放炮前，放炮员都必须用电雷管检测仪对电爆网路进行电阻检查，实测的总电阻值与计算值之差应小于10%，检查确认无误后，方可起爆。

8.7.2　非电雷管为主起爆器材的拒爆

8.7.2.1　拒爆原因

（1）采用导爆索起爆法，产生拒爆的原因主要有：

1）导爆索质量差，或因贮存时间长，保管不良而受潮变质。

2）装入炮孔（或药室）后，铵油炸药中的柴油渗入药芯中，使其性能改变，造成拒爆。

3）在充填过程中打断或受损。

4）多段起爆时，被前段爆破冲坏。

5）网路连接方法错误等。

（2）导爆管网路产生拒爆的原因主要有：

1）导爆管质量差，有破损、漏洞或管内有杂物。

2）在联结过程中有死结。

3）有沙粒、气泡、水珠进入导爆管。

4）导爆管与联结元件松动、脱节。

5）起爆雷管不能完全起爆网路。

6）网路在装药填塞过程中受损等。

8.7.2.2　预防措施

A　导爆索起爆网路预防拒爆措施

（1）切割导爆索应使用快刀，不应用剪刀剪断导爆索。

（2）导爆索起爆网路应采用搭接、水手结等方法连接。搭接时，两根导爆索搭接长度不得小于15cm，中间不得夹有异物和炸药卷，捆扎应牢固，支线与主线传爆方向的夹角应小于90°。

（3）连接导爆索中间不应出现打结或打圈；交错敷设时，应在两根交叉导爆索之间放一厚度不小于10cm的木质垫块。

（4）起爆导爆索的雷管，与导爆索端头的距离不小于15cm，雷管的聚能穴应朝向导爆索的传爆方向。

B 导爆管起爆网路

（1）导爆管网路应严格按设计进行连接，导爆管网路中不得有死结，炮孔内不得有接头，孔外传爆雷管之间应留有足够的间距。

（2）用雷管起爆导爆管网路时，起爆导爆管的雷管与导爆管端头的距离应不小于15cm，应有防止雷管聚能穴炸断导爆管和延时雷管的气孔烧坏导爆管的措施；导爆管应均匀地敷设在雷管周围并用胶布等捆扎牢固。

（3）用导爆索起爆导爆管时，宜采用垂直连接。

硐室爆破和其他A、B级爆破工程，应进行起爆网路试验。电起爆网路应按设计网路进行实爆试验或等效模拟试验；起爆网路实爆试验按设计网路联线起爆；等效模拟实验，至少用一条支路按设计连接雷管，其他各支路可用等效电阻代替；大型导爆索起爆网路或导爆管起爆网路试验，应按设计联线起爆，或至少选一组（对地下爆破是选一个分区）典型网路的起爆进行实爆；对重要爆破工程，应考虑在现场条件下进行网路实爆。

预防导爆管起爆网路的早爆，应检查导爆索或导爆管起爆网路有无漏接或中断、破损，有无打结或打圈，支路拐角是否符合规定，雷管捆扎是否符合要求，线路连接方式是否正确，雷管段数是否与设计符合，网路保护措施是否可靠。

8.7.3 由于炸药因素发生的拒爆

对于工业炸药，爆轰状态在实际爆破中要受到种种复杂因素的影响，起爆能量、含水率、密度、药卷直径、爆破约束条件等对其稳定爆轰状态影响很大。

由于炸药因素造成拒爆的主要原因及预防措施：

（1）采用过期、变质、失效的炸药、雷管和爆破器材。在爆破作业中，禁止采用上述爆破器材。

（2）爆破作业中常用的铵油炸药不抗水，因此，在多雨或地下水发育的爆破工地，要做好炸药、起爆药包、导爆管、导爆索的防水。防潮工作，将炮孔中的积水排干，或采用浆状炸药、水胶炸药。乳化炸药等抗水类炸药进行爆破。

（3）装药直径小于该种炸药的临界直径时，爆轰波不能稳定传播，因此在光面、预裂爆破等场合需自制小直径药卷时应特别注意。

（4）装药密度对爆轰状态也影响很大，对硝铵类炸药，最佳装药密度是1.0~1.1g/cm^3，密度过大、过小，都可造成药包的拒爆。

（5）包装乳化炸药决定炮孔装药结构为径向不耦合装药，可能会因为动压失敏造成乳化炸药因为密度发生变化的拒爆。

8.7.4　处理拒爆的方法

每次爆破作业完成后，都要认真检查现场是否有拒爆，可以采用装药时同时装入阻燃彩带。爆破后，若完全爆破，彩带能够完全被炸碎；若有瞎残炮存在，彩带仍在，从视觉上能够快速而准确地找出瞎残爆的位置。如果发现拒爆，首先要科学地分析拒爆产生的原因，并根据原因有针对性地采取正确的方法及时处理。

处理拒爆、残爆时，必须在班组长指导下进行，并应在当班处理完毕。如果当班未处理完毕，当班爆破工必须向下一班爆破工交接清楚。

8.7.4.1　处理拒爆时规定

（1）处理拒爆前应由爆破领导人定出警戒范围，并在该区域边界设置警戒，处理盲炮时无关人员不准许进入警戒区。

（2）应派有经验的爆破员处理盲炮，硐室爆破的盲炮处理应由爆破工程技术人员提出方案并经单位主要负责人批准。

（3）电力起爆发生拒爆时，应立即切断电源，及时将盲炮电路短路。

（4）导爆索和导爆管起爆网路发生拒爆时，应首先检查导爆管是否有破损或断裂，发现有破损或断裂的应修复后重新起爆。

（5）不应拉出或掏出炮孔和药壶中的起爆药包。

（6）盲炮处理后，应仔细检查爆堆，将残余的爆破器材收集起来销毁；在不能确认爆堆无残留的爆破器材之前，应采取预防措施。

（7）盲炮处理后应由处理者填写登记卡片或提交报告，说明产生盲炮的原因、处理的方法和结果、预防措施。

8.7.4.2　处理盲炮的办法

（1）爆破网路未受破坏，且最小抵抗线无变化者，可重新联线起爆；最小抵抗线有变化者，应验算安全距离，并加大警戒范围后，再联线起爆。

（2）在距盲炮孔口不小于10倍炮孔直径处另打平行孔装药起爆。爆破参数由爆破工程技术人员确定，并经爆破领导人批准。

（3）所用炸药为非抗水硝铵类炸药，且孔壁完好时，可取出部分填塞物向孔内灌水使之失效，然后做进一步处理。

9 复杂环境条件路堑爆破工程应对措施研究

9.1 风险评估程序和风险评估方法

9.1.1 风险评估程序

复杂环境条件路堑爆破施工风险评估基本程序是:

(1) 对施工阶段的初始风险进行评价，分析各环境条件风险因素的影响程度，主要确定环境条件风险因素影响对施工安全的影响。

(2) 根据评价结果制定相应的风险对策专项施工方案。

(3) 上级单位对风险评估报告进行审定，并针对高度风险等级，组织专家组评审，形成复杂环境条件路堑爆破施工安全风险评审意见。

复杂环境条件路堑爆破施工风险评估流程如图9.1所示。

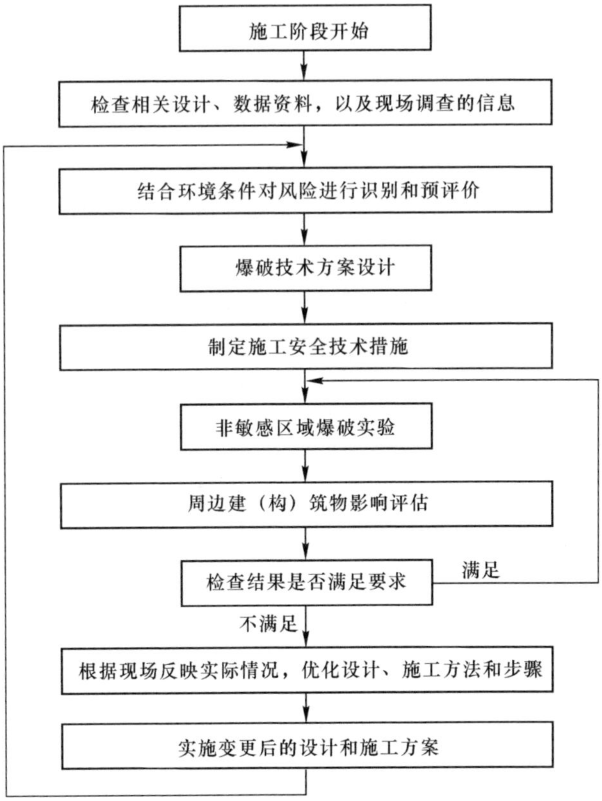

图9.1 施工阶段风险评估流程

9.1.2　风险分级及接受标准

9.1.2.1　事故发生概率等级标准

在综合考虑了地形地质条件、原勘测、设计有关资料后，将各种风险因素导致相应事故发生的概率及后果分别用 1～5 五个数值来表示，其中，概率等级“1～5”分别代表“很不可能”“不可能”“偶然”“可能”“很可能”，各概率等级所对应的概率大小和等级标准见表 9.1。

表 9.1　事故发生概率等级标准

概率范围	中心值	概率等级描述	概率等级
>0.3	1	很可能	5
0.03～0.3	0.1	可能	4
0.003～0.03	0.01	偶然	3
0.0003～0.003	0.001	不可能	2
<0.0003	0.0001	很不可能	1

注：1. 当概率值难以取得时，可用频率代替概率。
2. 中心值代表所给区间的对数平均值。

9.1.2.2　经济损失等级标准

经济损失是指风险事故发生后造成工程项目发生的各种费用的总和，包括直接费用和事故处理所需的各种费用，如表 9.2 所示。

表 9.2　经济损失等级标准

后果定性描述	灾难性的	很严重的	严重的	较大的	轻微的
后果等级	5	4	3	2	1
经济损失/万元	>1000	300～100	100～300	30～100	<30

9.1.2.3　风险等级标准

后果等级“1～5”分别代表“轻微的”“较大的”“严重的”“很严重的”“灾难性的”；并定义概率及后果的估值的乘积为风险指数，风险等级标准将风险指数分为“极高（Ⅰ级）、高度（Ⅱ级）、中度（Ⅲ级）、低度（Ⅳ级）”四个等级。其事故发生概率、后果等级与风险等级（指数）关系如表 9.3 所示。

表 9.3 风险等级关系

概率等级		后果等级				
		轻微的	较大的	严重的	很严重的	灾难性的
		1	2	3	4	5
很可能	5	高度（Ⅱ级）	高度（Ⅱ级）	极高（Ⅰ级）	极高（Ⅰ级）	极高（Ⅰ级）
可能	4	中度（Ⅲ级）	高度（Ⅱ级）	高度（Ⅱ级）	极高（Ⅰ级）	极高（Ⅰ级）
偶然	3	中度（Ⅲ级）	中度（Ⅲ级）	高度（Ⅱ级）	高度（Ⅱ级）	极高（Ⅰ级）
不可能	2	低度（Ⅳ级）	中度（Ⅲ级）	中度（Ⅲ级）	高度（Ⅱ级）	高度（Ⅱ级）
很不可能	1	低度（Ⅳ级）	低度（Ⅳ级）	中度（Ⅲ级）	中度（Ⅲ级）	高度（Ⅱ级）

9.1.2.4 风险接受准则

风险接受准则与采取的处理措施见表 9.4。

表 9.4 风险接受准则与采取的处理措施

风险等级	接受准则	处理措施
低度（Ⅳ级）	可忽略	此类风险较小，不需采取风险处理措施和监测
中度（Ⅲ级）	可接受	此类风险次之，一般不需采取风险处理措施，但需予以监测
高度（Ⅱ级）	不期望	此类风险较大，必须采取风险处理措施降低风险并加强监测，且满足降低风险的成本不高于风险发生后的损失
极高（Ⅰ级）	不可接受	此类风险最大，必须高度重视并规避，否则要不惜代价将风险至少降低到不期望的程度

9.1.3 风险评估内容

9.1.3.1 风险评估对象及目标

（1）评估对象：复杂环境条件路堑爆破施工风险评估。

（2）评估目标：根据施工环境条件、资源配置及施工方案进行风险评估，提出相应的路堑爆破施工安全措施，着重于施工管理、措施评价和落实。通过风险评估与管理，建立完整的风险评估与管理体系，切实有效地控制各类风险，将各种风险降低至可接受的水平。

9.1.3.2 风险因素评估

采用专家调查法，对复杂环境条件路堑爆破的风险进行了调查、统计。通过采用风险层次分析法、矩阵法、核对表法综合方法，辨识和评价出复杂环境条件路堑爆破的主要安全风险要素。

根据评估结论，制定风险对策措施及建议。

9.1.4　评判模型

根据复杂环境条件路堑爆破施工的特点，结合各方面的经验，提出影响复杂环境路堑爆破施工安全的因素集 U，由 n 个元素构成。

$U=\{B_1, B_2, B_3, B_4, B_5, B_6\}$

$=\{$复杂环境及围岩结构，设备配备，施工技术设计，防护设计，临爆组织及设计，安全管理$\}$

每个因素下面又分子因素集：复杂环境及围岩结构 $B_1=\{C_1, C_2\}=\{$复杂环境，围岩结构$\}$；设备配备 $B_2=\{C_3, C_4\}=\{$凿岩设备，个人防护用品$\}$；施工技术设计 $B_3=\{C_5, C_6, C_7, C_8\}=\{$钻孔，炮孔及药量，网络设计，爆破器材$\}$；防护设计 $B_4=\{C_9, C_{10}, C_{11}\}=\{$飞石防护，地震波防护，冲击波防护$\}$；临爆组织及设计 $B_5=\{C_{12}, C_{13}\}=\{$安全区域划定，警戒人员组织$\}$；安全管理 $B_6=\{C_{14}, C_{15}, C_{16}, C_{17}\}=\{$人员培训，人员资格，操作规程，应急预案$\}$。

其中，凿岩设备主要指钻孔设备，炮孔及药量指炮孔位置、数量、孔距、排距及炮孔装药量等，爆破器材包括炸药、雷管、导爆管、传爆元件和起爆器等。提出如下的评价集：

$V=\{v_1, v_2, v_3, v_4\}=\{$优，良，中，差$\}$；$U$、$V$ 两者都是有限论域。

9.2　设计施工原则

9.2.1　设计原则

复杂环境条件下的路堑爆破定量化设计遵循的原则为：

(1) 环境条件现场调查。

(2) 分层开挖，小直径中深孔松动爆破。

(3) 分段装药，缓冲、预裂（光面）爆破。

(4) 逐孔起爆。

(5) 明确划分敏感、危险区域，爆破性分级设计。

(6) 爆堆定向、定距移动和堆置，避免后冲和达到适合的块度分布。

(7) 基于周边建（构）筑物和保留岩体的微震爆破，爆破振动质点速度、频率与作用时间控制在允许范围之内。

(8) 空气冲击波、噪音控制在允许范围之内。

(9) 杜绝飞石。设计堵塞长度不小于30D，防止孔口区域产生的飞石。

(10) 爆破效果及效应的可预见。

(11) 经济上合理，在保证爆破效果的前提下，尽可能做到投资少，开挖工程量少，工程进度快，爆破成本低。

(12) 在保证爆破效果的前提下，尽量方便施工。

9.2.2 施工的原则

复杂环境条件下的路堑爆破施工组织执行原则为：

(1) 严格按照设计要求执行现行施工规范和验收标准，正确组织施工，确保工程的质量、进度。

(2) 根据施工能力、经济实力、技术水平，坚持科学组织，合理安排，均衡生产，平行作业，确保高速度、高质量、高效率完成工程的建设。

(3) 施工全过程严格管理的原则，在工序施工中，按设计施工，并严格执行监理工程师的指令，尊重监理意见，严格管理。

(4) 专业化作业与综合管理相结合的原则，在施工组织方面，以专业队为基础作业形式，充分发挥专业人员和专用设备的优势，同时采取综合管理手段，合理调配，以达到整体优化的目的。

9.3 施工方案及主要内容

9.3.1 进行施工前复杂环境条件和地质调查

爆破前，由爆破相关人员组成调查小组，对爆区附近民房及其他建（构）筑物进行调查，对危房要进行拍照或摄影，并形成文字和图片资料，经产权人和调查组负责人签字认可。必要时，应对危房进行加固或采取其他防护措施。

施工前要详细调查现场周围环境条件，其内容为：

(1) 建（构）筑物类型、数量。

(2) 建（构）筑物水平、垂直距离。

(3) 建（构）筑物稳定状况。

(4) 建（构）筑物周围地表和地下环境状况。

(5) 建（构）筑物材质、结构特点、荷载分布和受力情况。

(6) 爆破施工区域地形、地貌及工程地质条件。

(7) 爆破施工区域地表径流，气象情况。

(8) 爆破施工对象岩体类型、产状和物理力学性质。

(9) 其他特殊条件。

9.3.2 施工工艺流程

爆破工艺流程如图 9.2 所示。

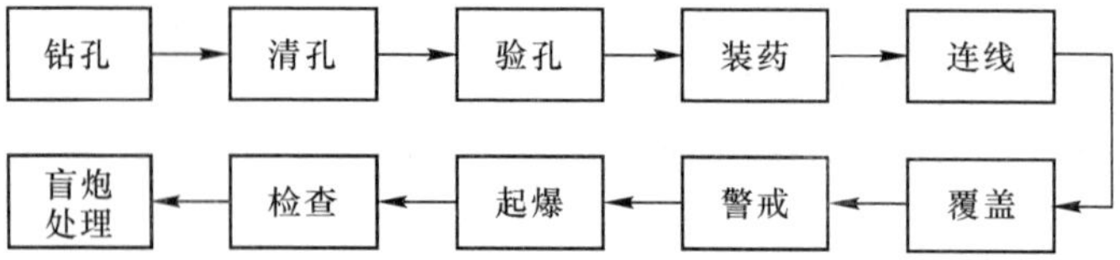

图 9.2 爆破工艺流程

9.3.2.1 钻孔

(1) 现场布孔。钻孔前必须根据设计方案及待开挖岩体的实际情况，由施工人员根据设计提供的孔网参数进行现场布孔。

(2) 钻孔作业。钻孔必须按设计的位置、方向和角度进行作业。钻孔必须钻够设计孔深，保持底面在同一平面上。钻孔完成后，将孔内岩粉吹干净。

(3) 钻孔尺寸。精度误差必须符合设计要求。即孔位误差控制在 5%以内，角度误差控制在 3°以内，孔深误差控制在 30cm 以内。

(4) 检查。钻孔完毕后，由爆破专职技术人员，爆破员对其孔进行检查，量孔深，不合格炮孔要进行补钻，做好记录，每孔设置记录标签，并在钻孔记录上签字。

(5) 钻孔保护。钻孔完成后，经检查符合设计孔深，应进行保护，防止雨水流入孔内或岩块落入孔内，造成塌孔或堵孔。

(6) 孔内排水。装药前发现孔内有水，应进行孔内排水工作，排水方法用高压风管插入孔内吹水。

9.3.2.2 装药

(1) 装药前认真检查爆破器材质量，选择一个安全地带对不同段别的雷管进行试验，对起爆网路进行等效模拟试验。

(2) 装药前应根据本次爆破所钻长度进行装药量调整，并在图纸上明确每只炮孔的编号、孔深、雷管段别、装药量等，并在装药前对装药炮孔进行检查，当孔内有水时，应进行孔内排水作业，炮孔排水后方可进行装药。孔内积水（渗水）无法排净时，应丈量水的埋深，并采用具有防水功能的胶质炸药，装药另采取具体的操作工艺，确保炸药装到位，以防起爆拒爆。

(3) 孔内孔温太高时，不许立即装药作业，需待孔温降至正常后方可装药。

(4) 装药作业必须依照爆破设计提供的装药密度装药，当炮孔与设计不符时，爆破技术人员应重新计算装药密度。

(5) 装药时严禁使用金属棒捣密炸药并保证雷管脚线不被捣断，装药时应保护好起爆雷管脚线。

（6）过期失效的火工品，不得用于爆破作业。

（7）炮孔堵塞长度必须依照爆破设计进行。

（8）堵塞介质采用黏性塑性黄土或黏土结合物（砂黏土），确保堵塞质量。

9.3.2.3 爆药包的加工

（1）起爆药包工加工应在爆破作业点附近安全地点进行，起爆药包的加工数量不超过本次起爆所需的数量。若有多余应在现场进行处理，及时将雷管与炸药分开或装入孔内销毁。

（2）在起爆药卷上扎孔时严禁使用金属工具。

（3）雷管必须全部插入药卷中不许外露，并用胶布固定。

（4）在潮湿或有水的地点爆破时，特别注意起爆药包的防水处理或使用具有防水性能的乳化炸药。

9.3.2.4 堵塞

（1）堵塞材料采用钻孔岩屑、黏土、岩粉等进行堵塞。

（2）堵塞长度严格按照爆破设计进行，不得自行增加药量或改变堵塞长度，如需调整，应征得现场技术人员和监理工程师的同意并作好变更记录。

（3）按设计要求的堵塞方法，分层填实。

（4）堵塞时应防止堵塞悬空，保证堵塞材料的密实。

（5）不得将导线拉得过紧，防止被砸断、破损。

9.3.2.5 爆破网路敷设

（1）深孔爆破作业均采用非电微差爆破网路，起爆器起爆。

（2）进行起爆网路联线作业时，必须按爆破设计提供的网路图进行联网。

（3）联网完毕后，要严格认真检查，避免因漏联、错联从而影响准确起爆。

（4）联线用的导爆管管壁应无破孔和明显的划痕；管内应无可见的堵药、断药现象。

（5）传爆雷管与簇连的导爆管必须反向连接，传爆雷管与导爆管联结交接处必须使导爆管均匀布在雷管外部，导爆管尾部应留在15cm以上。导爆管网路中不得有死结，孔内不得有接头。连好后雷管处用塑料袋、纸壳等覆盖，避免雷管爆炸飞片击伤起爆网路。用于同一工作面的导爆管雷管应是同厂同批号产品。

（6）导爆管雷管网路连接后只准一人检查，检查时不得破坏网路，并从爆区一端逐步进行。

9.3.2.6 爆后检查

爆破作业结束后，经过规程允许的等待时间后由爆破员、安全员对作业区进行认真检查，检查内容为：

（1）检查附近水电系统及建（构）筑物是否受到破坏。

（2）爆破作业引起的不良地质现象（如滑坡、断层）要标明位置，设置醒目标志。

（3）爆堆是否稳定，有无危石、滚石和滑坡征兆。

（4）空气中有毒、有害物质浓度是否超标。

（5）检查有无盲炮或残余炸药燃烧。

（6）定期检查爆堆的安定性以防爆堆滑落造成意外。

（7）爆破后，爆破作业人员、技术人员要详细填写爆破记录。

9.3.3 施工部署与准备

9.3.3.1 施工总体部署

在保障工程质量与安全的前提下，为了加快施工进度、控制工程工期，尽可能实施平行、交叉作业，创造多个平行作业工作面，形成多点作业、高效有序的施工局面。首先，对即将进行爆破作业的区域进行清理，采用反铲挖掘，使其能满足钻孔设备作业的需要；然后，进行测量放线，确定钻孔作业的范围、深度，预防越爆。

9.3.3.2 施工技术准备

（1）爆破实施前，组织有关技术人员进行现场细化实勘，会同监理工程师对基准点、爆破周围环境进行测量、校核。

（2）技术交底准备：细化施工组织设计，做好详细的施工技术交底，熟悉爆破器材基本性能及操作规程，确保各项工程顺利开工。配备规定的技术规范，配齐各种工程报告单和各种质量评定表，建立技术档案，专人负责，有序管理。

（3）编制工程质量计划，对特殊过程进行重点控制，严格按计划实施。

9.3.3.3 施工测量

测量人员根据业主或土地平整方案提供的定位桩和水准点，经复测并签证后作为引测控制导线网的起始依据。先布设控制导线，后局部测设定位。测量仪器在使用前应进行检测、标定，以确保施工测设精度。严格按《工程测量规范》（GB 50026—2007）组织实施测量工作。

（1）测量方法。根据工程方案和施工图纸，确定现场场平施工边界线，并根据边界线的实际标高，确定其边坡系数和边坡长度，确保施工的机械安全和人员安全。复测其标高和各项技术指标是否与实际相符，从而确定施工部署是否满足工程需要。

（2）布设控制网。利用测量资料，用小三角或导线测量法，建立控制网，控制点的高程应满足定位精度的要求。控制网布设程序：

1）首先对业主提供的测量资料进行复查，计算核实是否正确。

2）核定无误后，根据施工工程范围，在平面图上布设测量控制网点。

3）现场布设控制网点，进行造标埋石（埋石刻“十”字），对图纸上不合适的点位，根据现场实际情况确定，并用全站仪进行角度、边长测量。

4）外业测量任务完成后，进行严密平差，取得控制网点的成果（坐标、高程）。

（3）控制网布设原则。

1）精度应满足设计精度要求。

2）控制点应便于施工放线的使用。

3）控制点应稳定，便于保护。

4）应清除控制点周围的杂草树木，以利测量仪器架设和测量通视。

9.3.4 组织机构

根据工程和爆破施工特点，计划安排劳动力，其中包括管理人员、其他人员，需要列出劳动力投入计划表。

建立组织机构如图9.3所示。

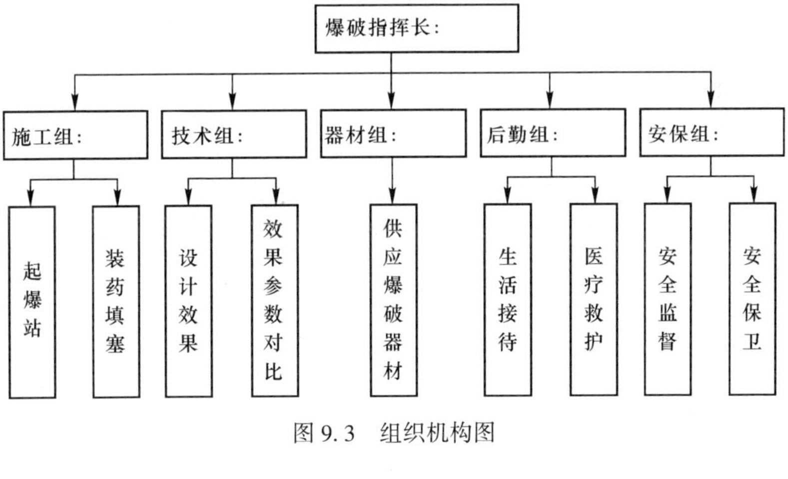

图9.3 组织机构图

9.3.4.1 爆破工作人员具备条件

（1）爆破工作领导人、爆破工程技术人员应由经过爆破安全技术培训考试合格的工程师、技术员担任。

（2）爆破班长应由经验丰富的爆破员担任。

（3）爆破员应年满十八周岁；具有高中以上文化程度；工作认真负责；从事过一年以上与爆破作业有关的工作。

（4）取得“爆破员作业证”的新爆破员，应在有经验的爆破员指导下实习三个月后，方准独立进行爆破工作。

9.3.4.2 爆破领导人的职责

（1）主持制定爆破工程的全面工作计划，并负责实施。

（2）组织爆破业务，爆破安全的培训工作和审查、考核爆破工作人员与爆破器材库管理人员。

（3）监督本单位爆破工作人员执行安全规章制度。组织领导安全检查，确保工程质量。

（4）组织领导重大爆破工程的设计、施工和总结工作。

（5）主持制定重大或特殊爆破工程的安全操作细则及相应的管理条例。

（6）参加本单位爆破事故的调查和处理。

9.3.4.3 爆破工程技术人员的职责

（1）负责爆破工程的设计和总结，指导施工，检查质量。

（2）制定爆破安全的技术措施，检查实施情况。

（3）负责制定盲炮处理的技术措施，进行盲炮处理的技术指导。

（4）参加爆破事故的调查和处理。

9.3.4.4 爆破班长的职责

（1）领导爆破员进行爆破工作。

（2）监督爆破员切实遵守爆破安全细则和爆破器材的保管、使用、搬运制度。

（3）有权制止无“爆破员作业证”的人员进行爆破工作。

（4）检查爆破器材的现场使用情况和剩余爆破器材的及时退库情况。

9.3.4.5 爆破员的职责

（1）保管所领取的爆破器材，不得遗失或转交他人，不准擅自销毁和挪作他用。

（2）按照爆破指令单和爆破设计规定进行爆破作业。

（3）严格遵守本规程和安全操作细则。

（4）爆破后检查工作面，发现盲炮和其他不安全因素应及时上报及处理。

（5）爆破结束后，将剩余的爆破器材如数及时交回爆破器材库。

9.3.5 主要器材和设备

根据爆破工程量、地层地质条件、爆破设计方案，确定主要爆破器材和施工机械设备，附表说明。

9.3.6 爆破施工安全管理

9.3.6.1 设备安全防护

爆区周围的所有移动设备，必须在指定时间内移至安全区域，无法移走的设备必须进行有效防护。

9.3.6.2 安全警戒及讯号标志

为确保爆破时人员安全，爆破飞石抛掷方向，设爆破安全警戒距离为300m，设置3个安全警戒岗位点，并人员通行通道增设警戒岗哨。同时，爆破工程技术员根据现场实际情况可实时确定增减岗哨。

施工之前，在所有警戒点和主要道路应设置警戒牌，将此次爆破的起爆时间、地点、规模、警戒范围、人员和设备撤离时间、方式、地点及起爆信号等有关事项以书面的形式通知有关部门、附近居民及相关人员，并以布告方式张贴在各主要路口或便于看到的地方，做到家喻户晓。

根据设计圈定的人员警戒圈，爆破起爆前30min确保所用警戒人员到达指定警戒点，手持小红旗，戴好安全帽，各交通要道设立岗哨或路障，竖起爆破警示牌，严禁车辆和人员进入警戒区域内，并使爆区内的施工人员和可移动设备撤出。

9.3.6.3 起爆信号

起爆信号采用手持式警报器。

第一次信号：预告信号，预示无关人员马上撤出危险区，同时向各岗哨点增派警戒人员；

第二次信号：起爆信号，在起爆前一分钟发出各工作站进入工作状态，现场指挥开始命令合闸起爆；

第三次信号：解除信号，起爆后约15min、经安全检查后发出。

9.3.6.4 事故预防措施

（1）爆破作业人员的培训。参与爆破工作的所有人员，必须进行技术培训，考试合格方能上岗，否则，一律不得进入施工现场。

（2）施工质量。严格按照《爆破安全规程》进行施工组织管理，保证施工安全与质量。

10 G316公路复杂环境条件半路堑爆破施工技术研究及工程实践

10.1 工程概况

10.1.1 工程位置

G316公路旬阳县麒麟沟至寨垭子段改建工程是针对目前道路负路面狭窄、弯道多等弊端，对公路进行改扩建，以缓解道路拥堵现状。

工程起点位于旬阳县兰滩乡与白河县交界的麒麟沟，接原G316公路往西，在K13+611.768处跨过汉江，经蜀河集镇、关口集镇等，最终于关口镇宋坪村寨垭子与原G316国道相接，勘察段全长约30公里。

工程交通位置详见图10.1。

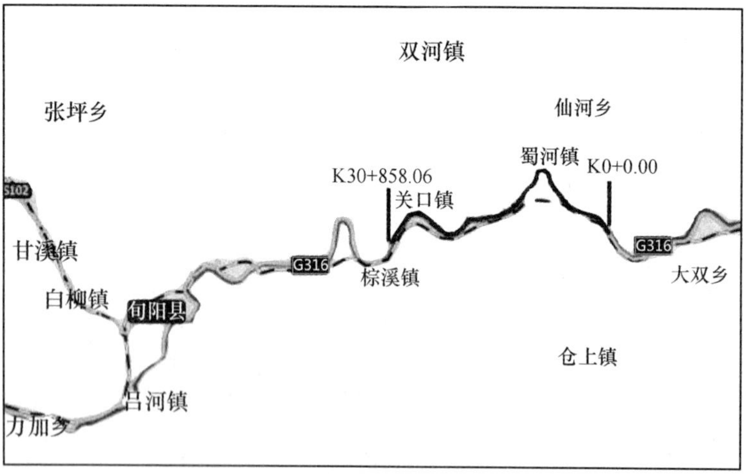

图10.1 交通位置图

10.1.2 岩体特征

爆区主要岩体分布为：强风化千枚岩（S_{1m}）、弱风化千枚岩（S_{1m}）、微风化千枚岩（S_{1m}），但因爆区表层风化层已采用机械剥离，本次爆破施工以微风化千枚岩（S_{1m}）为主要对象。物理、力学性质见表 10.1、表 10.2。

表 10.1 抗剪试验

岩石	试验方法		峰值		屈服值		残余值	
			$\tan\varphi$	c/MPa	$\tan\varphi$	c/MPa	$\tan\varphi$	c/MPa
千枚岩	常规	抗剪断	0.64	0.33	0.62	0.48	0.50	0.39
		抗剪	0.46	0.25	0.27	0.13		
		单点抗剪	0.56	0.18	0.34	0.06		

表 10.2 千枚岩物理、力学指标

岩性	风化程度	物理指标				
		相对密度 Δs	容重 γ/kN · m^{-3}	吸水率 W_s/%	饱和吸水率 W_L/%	开型孔隙率 n_0/%
互层中千枚岩	中等	2.72	25.8	2.39	2.55	6.59
岩性	风化程度	力学指标				
		干抗压强度 R_c/MPa	饱和抗压强度 R_b/MPa	饱和抗拉强度 R_t/MPa	弹性模量 $E/\times10^4$MPa	泊松比 μ
互层中千枚岩	中等	36.7	12.2	1.10	0.46	0.24

10.1.3 爆破区周边情况

爆破区域周边条件复杂，如图 10.2 所示。爆区现状为原有公路边坡，坡高近 30m，倾角 80°左右，坡底、坡顶线位置、改建后公路中线位置（开挖界限）如图 10.2 所示。周边主要存在建（构）筑物为：

（1）爆区西侧距离民房、电线杆约 50m。

（2）爆区西南侧距离加油站约 7m。

（3）爆区东南侧距离神龟亭（内有古碑）约 15m。

周边民房和加油站情况如图 10.2 和图 10.3 所示。

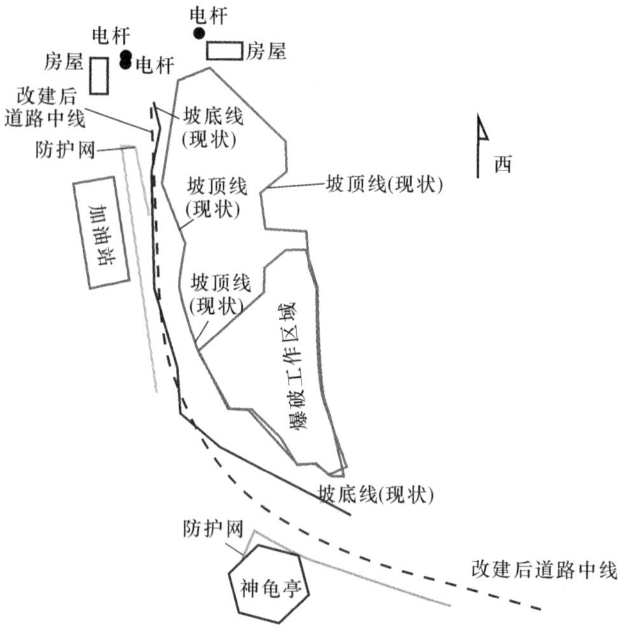

图 10.2　周边环境条件

图 10.3　爆破现场

10.2　爆破方案

10.2.1　孔网参数

10.2.1.1　孔网参数检验

根据 6.2 节爆破孔网参数设计原理计算方案，微风化千枚岩（S_{1m}）保留区域中质点峰值振动速度的分布如表 10.3 所示，最近一排主爆孔距离保留区域的最小距离如表 10.4 所示。

方案采取 90mm 钻孔直径，孔深按照公路路基高程和凿岩平台实际高程计算。

表 10.3　保留区域中质点峰值振动速度的分布

岩石类型	炮孔类型	钻孔直径 d/mm	装药直径	振动衰减规律
微风化千枚岩（S_{1m}）	主爆孔	90	耦合	$v=\frac{226}{R^{1.3}}$
		90	不耦合	$v=\frac{50}{R^{1.3}}$
	缓冲孔	90	不耦合	$v=\frac{12}{R^{1.3}}$

表 10.4　最近一排主爆孔距离保留区域的距离最小要求

岩石类型	炮孔类型	钻孔直径 d/mm	装药直径	离轮廓的最小距离/m
微风化千枚岩（S_{1m}）	主爆孔	90	耦合	3.46
		90	不耦合	1.08
	缓冲孔	90	不耦合	0.36

10.2.1.2　孔网参数确定

根据以上原则和方法，对本爆破区域布孔进行设计和检验，具体如图 10.4、图 10.5 和表 10.5 所示。

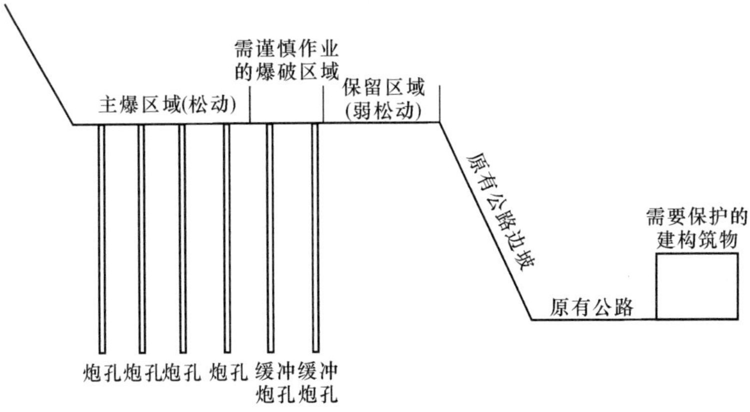

图 10.4　开挖形式示意图

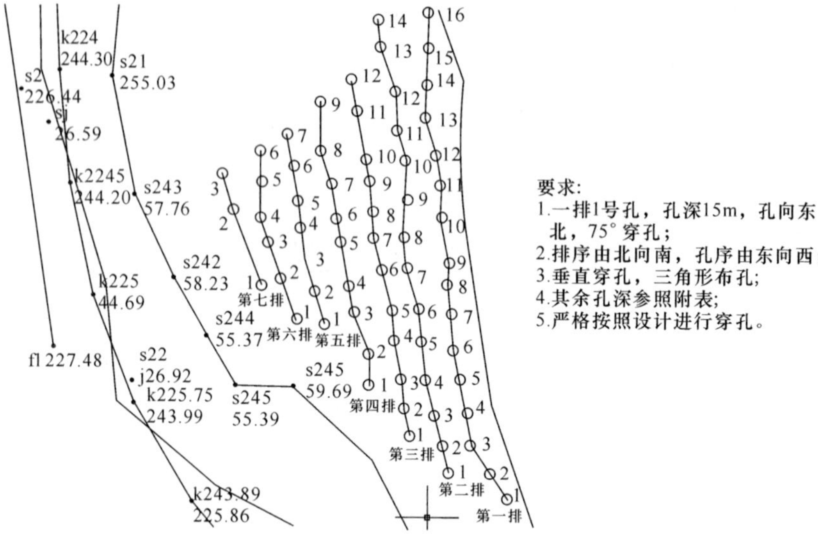

图 10.5 布孔示意图

表 10.5 设计和实际炮孔孔深、孔距及排距

序号		设计孔深/m	实际孔深/m	孔距/m	排距/m
一排	1	15	12.25		
	2	12.4	12.15	3.2	
	3	12	12.1	2.7	
	4	12	12.15	3	
	5	12	12.25	3.3	
	6	12	12.1	3.1	
	7	12.3	12.18	2.9	
	8	12.4	12.25	2.5	
	9	12.3	12.1	3.4	
	10	12.4	12	2.5	
	11	12.4	12.25	2.85	
	12	12.6	12.3	3.1	
	13	12.6	12.2	3.1	
	14	12.7	12.05	2.9	
	15	12.6	12.2	2.8	
	16	12.4	12.05	3.7	
	17	12.5	12.1	3.1	
	18	12.5	12.15	3.6	

续表 10.5

序号		设计孔深/m	实际孔深/m	孔距/m	排距/m
二排	1	12.9	12.15		3.42
	2	12.7	12.25	2.9	2.22
	3	12.8	12.15	2.5	2.88
	4	12.1	12.25	3.2	2.77
	5	12.2	12.2	3.4	3.01
	6	12.2	12.05	2.9	2.63
	7	12.4	12.05	4.2	3.88
	8	12.2	12.15	2.95	3.47
	9	12.3	12.1	3.7	2.77
	10	12.1	11.9	2.8	3.14
	11	12.5	12.15	3.25	2.82
	12	12.3	12.25	3.8	3.43
	13	12.1	12.05	3.15	4.72
	14	12.5	12.2	3.25	5.03
三排	1	12	12.05		2.86
	2	12	12.1	2.8	3.07
	3	12	12.1	3	2.87
	4	12	12.15	3.1	3.25
	5	12.2	12.2	5.9	1.8
	6	12	12.15	3.2	2.82
	7	12	12.15	2.55	3.75
	8	12	12.1	2.5	3.81
	9	12	11.65	3	3.29
	10	12	12.1	3.35	3.21
	11	12	12.05	3.05	
	12	12			

续表 10.5

序号		设计孔深/m	实际孔深/m	孔距/m	排距/m
四排	1	12.3	12.2		2.96
	2	12.1	12.15	2.9	3.05
	3	10.1	12.25	2.8	3.51
	4	10.2	12.1	3.45	3.76
	5	12	12.25	3.1	4.32
	6	12	11.9	3	3.38
	7	12	12.1	2.9	3.76
	8	12.2	12	2.7	3.23
	9	12	12.1	3.2	3.98
	10	12	12	4.5	3.58
五排	1	10	12		2.54
	2	10.1	11.95	2.9	2.2
	3	12.1	12.1	3.1	3.27
	4	12.1	11.95	2.95	3.42
	5	12.1	11.9	2.75	3.44
	6	12.2	11.8	2.8	2.71
	7	12.3	11.9	2.9	3.59
六排	1	10	12.2		2.77
	2	12	10.1	3.9	2.77
	3	12	11.8	2.9	3.5
	4	12.2	11.75	3.05	3.81
	5	12.1	12.1	2.8	3.46
	6	12.4	12.05	3	3.19
七排	1	12	12.1		3.15
	2	12	11.85	2.9	3.71
	3	12			

10.2.2 药量计算

药量计算和装药结构亦根据第4章的质点峰值振动速度判据进行设计计算和

检验，设计结果如下所示。

主爆药和缓冲采用改性铵油炸药，规格是25kg/包。

根据表10.6，爆破设计方案平均炸药单耗≤0.3kg/m^3。

表10.6 单位炸药消耗量 *g* 值

岩石单轴抗压强度/MPa	8~20	30~40	50	60	80	100	120	140	160	200
g/kg · m^{-3}	0.4	0.43	0.46	0.50	0.53	0.56	0.60	0.64	0.67	0.70

本次方案炮孔装药量如表10.7所示。

表10.7 单孔装药量

序号		设计孔深/m	实际孔深/m	孔距/m	排距/m	设计药量/kg	调整药量/kg	备注
一排	1	15	12.25	4	3	38.7	25	临神龟亭
	2	12.4	12.15	3.2	3	30.672	37.5	主爆孔
	3	12	12.1	2.7	3	25.758	37.5	主爆孔
	4	12	12.15	3	3	28.755	37.5	主爆孔
	5	12	12.25	3.3	3	31.9275	37.5	主爆孔
	6	12	12.1	3.1	3	29.574	37.5	主爆孔
	7	12.3	12.18	2.9	3	27.8748	37.5	主爆孔
	8	12.4	12.25	2.5	3	24.1875	37.5	主爆孔
	9	12.3	12.1	3.4	3	32.436	37.5	主爆孔
	10	12.4	12	2.5	3	23.625	37.5	主爆孔
	11	12.4	12.25	2.85	3	27.57375	37.5	主爆孔
	12	12.6	12.3	3.1	3	30.132	37.5	主爆孔
	13	12.6	12.2	3.1	3	29.853	37.5	主爆孔
	14	12.7	12.05	2.9	3	27.5355	37.5	主爆孔
	15	12.6	12.2	2.8	3	26.964	37.5	主爆孔
	16	12.4	12.05	3.7	3	35.1315	37.5	主爆孔
	17	12.5	12.1	3.1	3	29.574	37.5	主爆孔
	18	12.5	12.15	3.6	3	34.506	37.5	主爆孔
二排	1	12.9	12.15	3	3.42	32.7807	25	临神龟亭
	2	12.7	12.25	2.9	2.22	20.76255	37.5	主爆孔
	3	12.8	12.15	2.5	2.88	23.004	37.5	主爆孔
	4	12.1	12.25	3.2	2.77	28.5864	37.5	主爆孔
	5	12.2	12.2	3.4	3.01	32.85114	37.5	主爆孔
	6	12.2	12.05	2.9	2.63	24.139455	37.5	主爆孔
	7	12.4	12.05	4.2	3.88	51.57684	37.5	主爆孔

续表 10.7

序号		设计孔深/m	实际孔深/m	孔距/m	排距/m	设计药量/kg	调整药量/kg	备注
	8	12.2	12.15	2.95	3.47	32.7056175	37.5	主爆孔
	9	12.3	12.1	3.7	2.77	32.59182	37.5	主爆孔
	10	12.1	11.9	2.8	3.14	27.43104	37.5	主爆孔
	11	12.5	12.15	3.25	2.82	29.282175	37.5	主爆孔
	12	12.3	12.25	3.8	3.43	42.03465	37.5	主爆孔
	13	12.1	12.05	3.15	4.72	47.05722	37.5	主爆孔
	14	12.5	12.2	3.25	5.03	52.475475	37.5	主爆孔
三排	1	12	12.05	3	2.86	27.1557	25	临神龟亭
	2	12	12.1	2.8	3.07	27.33528	37.5	主爆孔
	3	12	12.1	3	2.87	27.3798	37.5	主爆孔
	4	12	12.15	3.1	3.25	32.189625	37.5	主爆孔
	5	12.2	12.2	5.9	1.8	34.0902	37.5	主爆孔
	6	12	12.15	3.2	2.82	28.83168	37.5	主爆孔
	7	12	12.15	2.55	3.75	30.5521875	37.5	主爆孔
	8	12	12.1	2.5	3.81	30.2895	37.5	主爆孔
	9	12	11.65	3	3.29	30.05415	37.5	主爆孔
	10	12	12.1	3.35	3.21	34.19613	37.5	主爆孔
	11	12	12.05	3.05	3	28.95975	37.5	主爆孔
四排	1	12.3	12.2	3	2.96	28.5048	25	临神龟亭
	2	12.1	12.15	2.9	3.05	28.259775	37.5	主爆孔
	3	10.1	12.25	2.8	3.51	31.6953	37.5	主爆孔
	4	10.2	12.1	3.45	3.76	41.25096	37.5	主爆孔
	5	12	12.25	3.1	4.32	43.1892	37.5	主爆孔
	6	12	11.9	3	3.38	31.6368	37.5	主爆孔
	7	12	12.1	2.9	3.76	34.67472	37.5	主爆孔
	8	12.2	12	2.7	3.23	27.47115	37.5	主爆孔
	9	12	12.1	3.2	3.98	40.50048	37.5	主爆孔
	10	12	12	4.5	3.58	50.7465	37.5	主爆孔
五排	1	10	12	3	2.54	24.003	25	临神龟亭
	2	10.1	11.95	2.9	2.2	20.0013	37.5	主爆孔
	3	12.1	12.1	3.1	3.27	32.23566	37.5	主爆孔

续表 10.7

序号		设计孔深/m	实际孔深/m	孔距/m	排距/m	设计药量/kg	调整药量/kg	备注
	4	12.1	11.95	2.95	3.42	31.629015	37.5	主爆孔
	5	12.1	11.9	2.75	3.44	29.5152	37.5	主爆孔
	6	12.2	11.8	2.8	2.71	23.44692	37.5	主爆孔
	7	12.3	11.9	2.9	3.59	32.48232	37.5	主爆孔
六排	1	10	12.2	3	2.77	26.6751	37.5	主爆孔
	2	12	10.1	3.9	2.77	27.87174	37.5	主爆孔
	3	12	11.8	2.9	3.5	31.3635	37.5	主爆孔
	4	12.2	11.75	3.05	3.81	35.7330375	37.5	主爆孔
	5	12.1	12.1	2.8	3.46	30.80784	37.5	主爆孔
	6	12.4	12.05	3	3.19	30.28905	37.5	主爆孔
七排	1	12	12.1	3	3.15	30.051	25	临加油站，缓冲孔
	2	12	11.85	2.9	3.71	33.406695	25	临加油站，缓冲孔
	3	12					25	临加油站，缓冲孔
合计	改性铵油炸药 2487.5kg							

10.2.3　起爆器材和起爆方法选择

10.2.3.1　起爆方法

爆破施工现场周边条件复杂，为了降低爆破施工对周边扰动，设计采用逐孔起爆技术，见图 10.6。

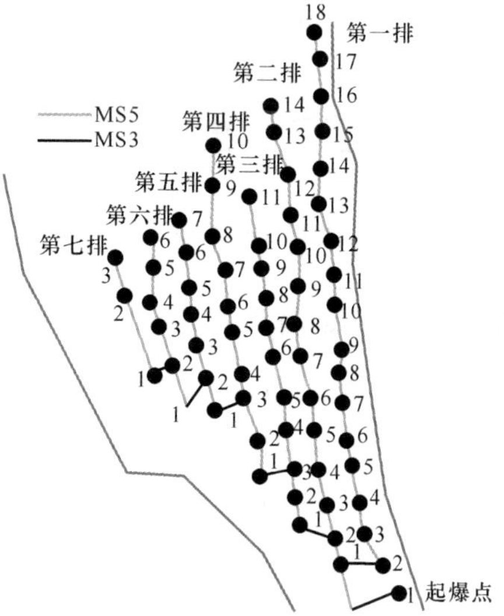

图 10.6　起爆网路示意图

10.2.3.2　起爆器材

设计起爆网络采用国内普通毫秒非电导爆管雷管，表 10.8 所示为非电毫秒导爆管雷管延期时间。注意表中误差值，现场使用为防止“跳段”起爆需要隔段使用。本次方案利用误差值实现逐孔起爆，紊乱应力场应力的叠加。

表 10.8 国内普通非电导爆管

段别	标准延期时间/ms	误差值/ms
1	0	<13
2	25	±10
3	50	±10
4	75	±10
5	100	±10
6	150	±20
7	200	±20
8	250	±20
9	310	±20
10	390	±45

根据计算，孔外采用3段毫秒非电导爆管雷管；孔内起爆雷管采用9段毫秒非电导爆管雷管。具体数量见表10.9。

表 10.9 方案雷管数量

名称	MS3段毫秒非电导爆管雷管	MS5段毫秒非电导爆管雷管	MS9段毫秒非电导爆管雷管	备 注
数量	10发	70发	70发	孔内接力采取MS1段毫秒非电导爆管雷管70发
规格	6m	6m	最大长度	7m
合计	MS1段70发、MS3段10发、MS5段70发、MS9段70发。起爆电雷管2发			

10.3 安全措施设计

10.3.1 爆破地震

爆破地震对结构的危害不仅与振动强度有关，还与频率、持续时间等参量密切相关。对地面建构筑物采取峰值质点振动速度和主频率作为联合判据，并在实际的爆破过程中综合考虑建构筑物的重要性、建筑质量、新旧程度、自振频率及地基条件因素修正。

方案总装药量2508.2kg，最大单响药量37.5kg，现场监测到的振动数据见表10.10。

表 10.10 测线 2 爆破振动测试数据统计表

测点	高差/m	爆心距/m	质点振动速度峰值 /cm·s^{-1}		振动主频/Hz	波延时/s
1号（神龟亭）	12		垂　直	0.82	13.9	0.61
			水平径向	0.72	14.4	0.84
2号（加油站）	15		垂　直	0.66	13.1	0.88
			水平径向	0.76	16.3	0.76
3号（民房点）	5		垂　直	0.23	9.6	0.91
			水平径向	0.30	10.5	1.05

10.3.2 爆破空气冲击波

国防工业设计中，对深孔台阶微差爆破空气冲击波计算公式如下：

$$\Delta p = 1.43\left(\frac{Q^{1/3}}{R}\right)^{1.55}$$

国家标准局《爆破安全规程》（GB 6722—2014）规定：空气冲击波对掩体内人员的最小安全距离按照下式计算：

$$R_a = 25\sqrt[3]{Q}$$

式中　R_a——空气冲击波对掩体内人员的最小安全距离，m；

Q——采用毫秒爆破时，按一次爆破的总药量计算，kg。

本方案经过计算得出：$R_a = 83.7$m。

在爆破地点附近用各种材料（混凝土、岩石、金属和其他材料）构筑阻波墙或阻波排柱，可使空气冲击波在形成的瞬间减小到 1/50 以上。本次采取构筑金属阻波墙控制空气冲击波超压的措施。

11 商—合—杭高速铁路复杂环境条件全路堑爆破施工技术研究及工程实践

11.1 工程概况

11.1.1 线路概况

新大力寺隧道位于安徽省合肥市居巢区，起点里程 DK445+438，终点里程 DK449+192，全长 3354m，隧道最大埋深约 236m。

隧址区出露太古带~新生代层，主要为二叠系下统栖霞组（P_1q）灰岩、泥灰岩。DK446+690–DK446+940 段下穿水塘，水塘面积 1.53 万平方米，水量约为 3.83 万立方米；DK448+510–DK448+710 段右侧大力寺水库，坝顶标高 73.1m，水库面积约为 8.59 万平方米，水量约为 51.5 万立方米。

隧道进口有移动发射塔，隧道侧穿巢湖市生活垃圾处理场、大尖山石灰岩矿、大力寺（最近 20m）、大力寺水库（下穿水库地段洞顶覆土约 25m，洞身位于弱风化灰岩地段），临近合福高速铁路（120m 铁桥梁，进口距合福高速铁路隧道约 70m，洞身位于强风化泥岩地段）、正在施工扩建高速公路隧道（118m）。如图 11.1 所示。

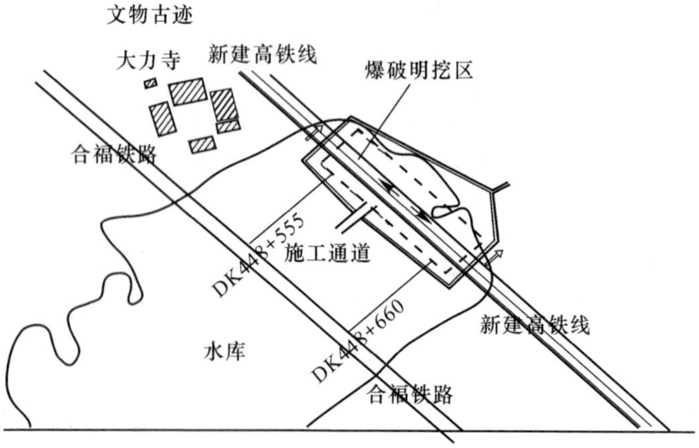

图 11.1　爆破区域周边环境条件

11.1.2 隧道明挖施工

该工程主要爆破施工困难区域，新大力寺隧道 DK448+555~DK448+660 长 105m 下穿水库段明挖。本段路基Ⅳ级围岩，最大开挖高差约 30m，爆破岩石方量约 9.12 万立方米，路基边坡设计为 1∶0.75，地表开挖宽度约为 35m，路基宽度 15.3m，设计开挖路基之上为 4m 立槽。

为有效地控制爆破作业对公路、建（构）筑物、既有合福线带来的危害，对明挖段砂质泥岩、石英砂岩开挖拟采用松动爆破的施工方法，并分为中部拉槽、两边扩挖及边坡预裂三个部分考虑。

明挖路基断面设计如图 11.2 所示。

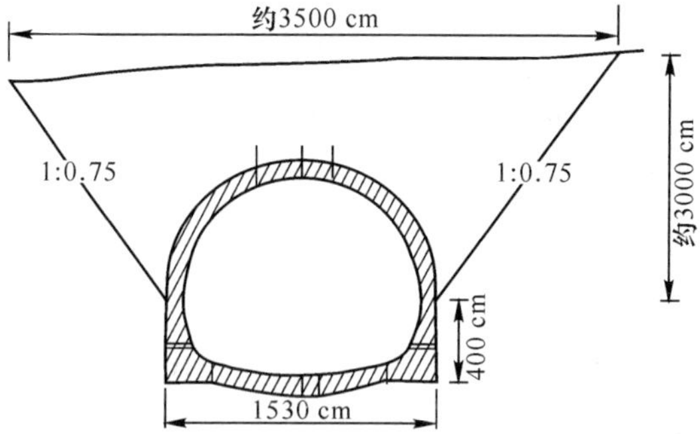

图 11.2 新大力寺隧道 DK448+555~DK448+660 明挖路基断面示意图

根据爆破施工区域特点，由大力寺远端开始按照先后施工顺序每个分层划分 3~4 个爆区，由距大力寺最远端首先进行小规模全断面明挖爆破施工，形成爆区首个自由面，已减弱后续施工爆破夹制。

11.2 爆破方案

选择采用 ϕ90mm 潜孔钻机进行钻孔，垂直穿孔、三角形布孔方式；多排孔微震逐孔起爆减弱松动爆破方案。

11.2.1 台阶布置总体规划

设计台阶高度 H=10m，台阶坡面角 1∶0.75，台阶坡面角 1∶1.25。

11.2.2 主爆区爆破参数选择

11.2.2.1 孔网参数

（1）孔径：ϕ=90mm。

（2）台阶高度：$H=10$m，现场爆破施工根据地形调整孔深，确保分层爆破工作面平整。

（3）孔深：$L=H+\Delta h=11.5$m（Δh 为超深，设计取 1.5m）。

（4）底盘抵抗线：$W_d=30d$，取 $W_d=2.7$m。

（5）孔距：$a=$（1.1−1.2）W_d，取 $a=3.0$m。

（6）排距：$b=$（0.8−1.0）a，取 $b=3.0$m。

（7）布孔方式：三角形。

（8）堵塞长度：$L_T=$（0.9−1.1）b，取 $L_T\geqslant 3.0$m。

（9）炮孔倾角：$\alpha=90°$。

11.2.2.2　炸药量计算

水压深孔爆破施工（主爆药），采用乳化炸药，规格为 ϕ70mm/2000g。爆破设计方案平均炸药单耗 $q=0.5\text{kg/m}^3$，但需在现场试验爆破观测炸药和围岩匹配情况，结合减弱松动爆破指数 $n=0.65$，通过计算式 $f(n)=0.4+0.6n^3$ 来调整 q 值。前排取小值，后排取大值。

$$Q_1=abHq=3\times3\times10\times0.5=45\text{kg}$$

$$Q_2=\pi\left(\frac{d}{2}\right)^2(L-L_T)\rho_e=3.14\times\left(\frac{9}{2}\right)^2\times(10-3)\times1.1=48.9\text{kg}$$

$Q_1\approx Q_2$，主爆孔装药结构为连续装药。

11.2.2.3　质点振动速度检验

因为明挖隧道作业水平低于大力寺基础，故要考虑高差的因素。根据质点振动速度公式：

$$v=KK_1\left(\frac{R}{\sqrt[3]{Q}}\right)^{-\alpha_1\Delta h}$$

式中　K——介质系数，取 $K=250$；

R——爆区至建筑物的最近距离，取 $R=20$m（爆区至大力寺的最小距离）；

v——建筑物的安全振动速度，取 $v=0.5$cm/s（本次设计大力寺建筑按照我国爆破振动安全允许质点振动 1 类保护对象，土石结构建筑物，$v<1.5$cm/s；德国敏感性建筑，$v=0.8\sim1.2$cm/s；瑞士历史性敏感建筑，$v=0.8\sim1.2$cm/s；综合考虑，取 $v=0.5$cm/s）；

α——地震波衰减系数，取 $\alpha=1.5$；

H——爆心与测点间的高程差，30m；

K_1，α_1——为随高程差变化振动速度衰减规律的修正系数，系数 K_1 随爆破震源到测点高差变化呈指数规律变化，$K_1 = e^{-0.0378\Delta h}$；系数 α_1 随爆破震源到测点高差变化呈线性规律变化，$\alpha_1 = 1-0.0045\Delta h$。

11.2.2.4 起爆技术与器材

A 逐孔起爆技术

逐孔起爆延时可分为两部分，即同一排炮孔间的微差时间及排与排间的微差时间。同一排炮孔间的延期时间称孔间延时；排与排间延期时间称排间延时。

（1）孔间延时决定爆堆破碎块度。对于相当坚硬而脆的岩石，由于岩体中动态反映时间短，孔间延时时间必须缩短；对于孔隙多塑性大的软岩，孔间延时必须加大。如果孔间延时太短，裂隙将首先在炮孔间产生，岩体被推向较远的位置；如果排间延时太长，炮孔单独发挥作用，块度变差。

（2）排间延时决定爆堆抛掷距离。当采用多排孔爆破作业时，为取得最佳抛掷效果，排与排之间的延期时间必须足够长，这样，可以使先爆岩石完全脱离原来位置，为后爆岩石创造自由面，不会阻挡后面将爆岩石的移动。如果排间延期时间低于某一临界值，爆破后，前后排岩石相互阻碍，使爆破后冲加重，爆堆变高，而爆堆底部由于夹制作用大，松散度较差，不利于铲装作业。由于不同岩性岩石的动态反映时间不一，这一临界值变化较大，但低于 8ms/m 抵抗线会发生爆后岩体阻塞现象，增加排间延时不会对爆破效果产生较大影响，但过大的排间延时会使先爆岩石抛下来后停止，阻挡了后排岩石的移动，不能发挥微差爆破排间炮孔应力波叠加及碎石相互挤压碰撞而改善爆破效果的作用，根据实际情况，最大排间延时不应超过 15ms/m 抵抗线。

B 高精度导爆管雷管

为精确实现逐孔爆破技术，设计起爆网络采用高精度、高强度非电毫秒导爆管雷管，表 11.1 所示为高精度毫秒导爆管雷管延期时间。

表 11.1 高精度导爆管延时

产品类别	地表延期					孔内延时
标定延时/ms	17	25	42	65	100	400
实测平均延时/ms	17.6	25.4	42.0	66.0	101.8	403.9
实测极差	1~3	1~3	2~4	2~5	2~7	2~11

11.2.2.5 爆破网路设计

采用非电起爆网路。考虑到降低爆破振动和确保每一次爆破的成功，避免出现串段、重段现象，控制单响药量，采用孔外接力、孔内延时间隔逐孔起爆。孔内装 400ms 延时，孔外排间 42ms，孔间 25ms 延时。

逐孔起爆掏槽爆破起爆网络示意图如图 11.3 所示。

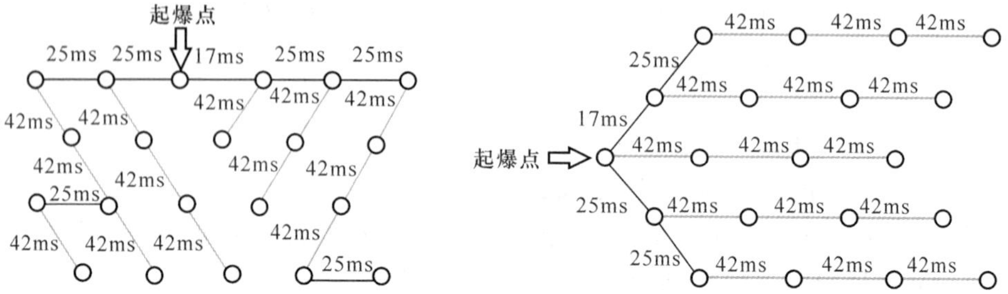

图 11.3 逐孔掏槽起爆网络示意图

11.2.3 预裂孔与缓冲孔

预裂爆破的主要参数是不耦合系数、炸药品种、线装药密度以及孔径和孔间距等。影响爆破参数选择的主要因素是岩石的物理力学性质和地质构造。

11.2.3.1 预裂孔孔网参数

（1）孔径：$\phi=90$mm。

（2）孔深：$H=11.5$m。

（3）预裂孔孔距 a：当 $\sigma_c=30\sim80$MPa，$a=(25+d/2)$；当 $\sigma_c\geqslant80$MPa，$a=(20+d/2)$。式中，σ_c 为岩石的抗压强度，30～80MPa；d 为钻孔直径，mm。经计算，$a=1.2$m。

（4）预裂孔与缓冲孔的排距 b：预裂孔与缓冲孔的排距应避免裂缝朝缓冲孔贯通，所以 $b>a$。采用下式计算：$b=(1.25\sim1.43)a$，经计算，$b=2.5$m。

（5）最后一排主爆孔至预裂面的距离：最佳距离的大小，与主爆孔的孔径、装药量以及岩体的强度等因素有关。一般情况下，其上限值可取 1.5～1.8m，下限值大约 0.6m。如果最后一排主爆孔的孔径和装药量都比较大，其值可适当放宽到 6～7m。评价这个最佳距离的标准是，预裂缝与最后一排炮孔之间的岩体能够得到应有的破碎，且不能破坏已形成的预裂面。设计取 2m。

11.2.3.2 预裂孔炸药量计算

A 预裂孔装药不耦合系数

采用不耦合装药结构的目的是要降低炸药爆炸的初始压力，使孔壁周围的岩石不受破坏。不耦合系数将随岩石极限抗压强度的增加而下降。其经验计算公式为：

$$K=1+18.32\sigma_c^{-0.26}$$

式中 K——不耦合系数，在实际使用中 $K=2\sim5$；

σ_c——岩石抗压强度，MPa。

经计算，本方案 $K=2.4$。

B 预裂孔装药量计算

预裂爆破装药量，即线装药密度。线装药密度是指炮孔装药量对不包括堵塞部分的炮孔长度之比。线装药量的确定方法分为理论计算法、经验计算法和经验类比法三种。

a 理论计算法

根据空气冲击波作用于刚壁障压力急剧增大的理论，按孔壁压力不压坏岩石的原则，推导出线装药量 Δ 可由下式表达，即

$$\Delta = \frac{\pi d^2}{4} \cdot \frac{\sigma_c \rho\left(2.5 + \sqrt{6.25 + \dfrac{14}{\sigma_c}}\right)}{Q_0}$$

式中 σ_c——岩石的极限抗压强度，MPa；

ρ——炸药密度，g/cm^3；

d——炮孔直径，cm；

Q_0——炸药的爆热，kJ/kg。

根据相邻炮孔中心连线中点拉应力值为该两应力波在中点处相遇后的切向应力的两倍的原理，以及拉应力应大于岩石极限抗拉强度的要求，推导出炮孔间距：

$$a = 3.2r \cdot \left(\frac{np}{\sigma_t} \cdot \frac{\mu}{1-\mu}\right)^{\frac{2}{3}}$$

式中 a——炮孔间距，cm；

p——冲击波正面压力，MPa；

n——冲击波压力增长系数，对于刚性障碍物，n 值可达到 8；

μ——岩石的泊松比；

r——炮孔半径，cm；

σ_t——岩石的极限抗拉强度，MPa。

该计算公式是以应力波叠加理论为主要依据进行推导的，对爆炸高压气体准静压力场的作用和地质因素对线装药量的影响未予考虑，因而计算结果与实际偏差较大。

b 经验计算公式

根据岩石强度和炮孔半径计算的公式计算：

$$\Delta = 2.75\sigma_c^{0.35} \cdot r^{0.38}$$

式中 Δ——线装药密度，g/cm；

σ_c——岩石极限抗压强度，0.1MPa；

r——预裂孔半径，mm。

该式使用范围：$\sigma_c=10\sim150$MPa，$r=23\sim85$mm。

根据岩石抗压强度和孔距计算的公式：

$$\Delta = 0.36\sigma_c^{0.63}a^{0.67}$$

式中 a——预裂孔间距，cm。

该式使用范围：$\sigma_c=10\sim150$MPa，$d=40\sim170$mm，$a=40\sim130$cm。

根据孔之间和不耦合装药系数计算的公式：

$$\Delta = 0.785d^2K^2\rho$$

式中 d——孔径，cm；

K——不耦合系数；

ρ——炸药密度，kg/m^3。

c 经验类比法

在预裂爆破设计中，由于爆破的影响因素太复杂，用理论公式或经验公式计算的炮孔装药量误差比较大。理论计算公式中，考虑的因素只是有限的几项，而经验公式则往往受到归纳整理这些公式所处条件的限制，使它只能在一定的范围内适用。因此，参考一些已成功工程的实际经验资料，从地质条件、钻孔机具以及爆破规模等各个方面进行类比，从中找出适合于本工地条件的近似数据，作为工程使用的参考，也是一种行之有效的方法。

11.2.3.3 缓冲孔

缓冲孔孔距取 2.5m，距预裂孔 2.0m，距主爆孔 3.0m。缓冲孔装药量应为主爆孔药量的 0.5~0.7，经计算为 25kg。

12　G108 崩塌段路堑爆破施工技术研究及工程实践

12.1　工程概况

12.1.1　工程位置

G108 周至段 K1393+280～K1393+610 崩塌灾害应急抢险治理工程段位于西安市周至县马勺镇内，地理坐标处于北纬 34°1′20″，东经 108°10′47″，如图 12.1 交通地理位置图。

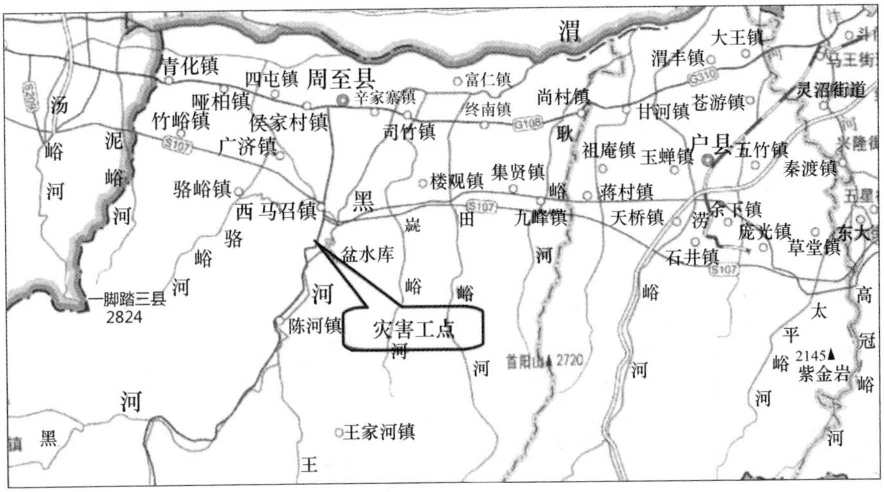

图 12.1　交通地理位置图

12.1.2　崩塌破坏情况

2017 年 10～12 月该段坡体产生破坏特征主要为：K1393+310～+350 段产生上边坡松散体滑塌和路基开裂；K1393+350～+415 段上边坡产生裂缝且变形持续，路基及下边坡暂无明显变形迹象；K1393+415～+520 段产生上边坡危岩体崩落和路基滑塌的破坏现象；K1393+520～+600 段上、下边坡产生裂缝并呈现为局部危险、整体等速变形态势，路基变形不明显的特征。如图 12.2 所示。

图 12.2　G108 周至段 K1393+280～K1393+610 崩塌段航拍影像图

2018 年 2 月 19 日，K1393+440～+560 发生大规模的山体崩塌，崩塌体范围长约 120m，高度 106m，约 $10\times10^4m^3$，K1393+510～+560 段整个路基滑塌，并将 K1393+442～+502 修复工程掩埋，导致 G108 交通中断。

2018 年 9 月 1 日、9 月 3 日，该段坡体受下部崩塌堆积物溜滑牵引再次连续产生崩塌破坏，崩塌体范围长约 50m，高度 80m，崩塌体后缘距路基最大高程差约 180m，平均厚度约 10m，方量约 $3.0\times10^4m^3$，见图 12.3。

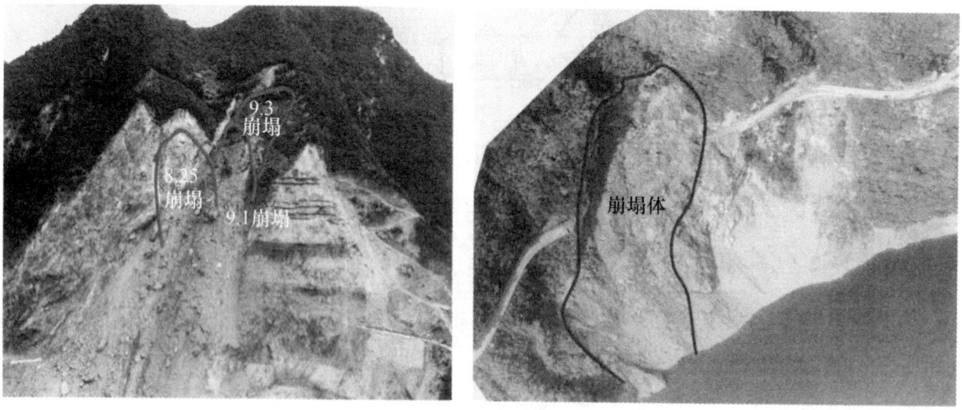

图 12.3　G108 周至段 K1393+280−K1393+610 崩塌段航拍影像图

为保障周围群众出行和生产安全，各级政府高度重视，西安市政府召开专题会议，于 2018 年 3 月底市政府同意实施道路抢险工程，同时陕西省交通运输厅、陕西省公路局召开专题会议，明确在原道路上进行路堑恢复。

12.1.3 自然地理

12.1.3.1 地形地貌

该段边坡位于周至县南部山区，属中低山区，最高点标高 1002m，最低点位于黑河库区左岸标高 580m，该段路基所在高程标高约为 720m，与黑河水面相对高程差约为 140m，坡体上陡下缓，上部坡面 80°~85°，下部坡面 65°~70°。

12.1.3.2 气象、水文

周至县属北暖温带半湿润大陆性季风气候。年平均气温 13.2℃，极端最高气温 42.4℃，极端最低气温-20.2℃，平原年平均降雨量 700.7mm，年最大降雨量 1083.3mm，山区年平均降雨量 865.2mm。

区内黑河长 125.8km，主河道比降 8.8%，流域面积 2258km^2。黑河流域分水岭高差悬殊较大，分水线总长 225.1km，相对高差 3282m，平均高差 1768.6m，G108 国道位于黑河左岸。

12.1.4 区域地质

12.1.4.1 地层岩性

该段路基边坡，出露地层为下元古界宽坪群干岔沟组的含炭绢云母石英片岩，该类岩石为可软化、易风化的软质岩，风化厚度较大。岩层产状 195°∠35°，主要发育 105°∠86°及 280°∠80°二组节理，将岩石切割成块状，其中产状 195°∠35°及顺坡节理 105°∠86°较为发育，密度 1~2 条/m，且受重力卸载及水库水位反复涨落作用，多呈张开并形成裂隙。

K1393+500 处发育一小型断层，产状 105°~125°∠62°~65°，与顺坡向节理基本一致，宽度 3~5m。

12.1.4.2 地质构造

区内地质构造强烈，油坊沟-皇台断裂带（F_{17}）从不稳定路基边坡南部通过，断层倾 NW，倾角 50°~60°，距离较远。

12.1.4.3 水文地质

区内地下水类型为基岩裂隙水和第四系松散岩类孔隙水。基岩裂隙水含水岩组为绢云石英片岩，赋存于基岩裂隙中，地下水量较少，大气降水为地下水主要补给来源。

第四系松散岩类孔隙水分布于地表斜坡地带，水量较少，大气降水为其主要补给来源。

12.1.5　工程地质及周边条件

12.1.5.1　坡体工程地质特征

根据西安微米防灾科技股份有限公司编制的各阶段《G108 周至段 K1393+310~K1393+600 崩塌灾害监测阶段性工作总结》，该段边坡为以岩质边坡，出露地层为下古界宽坪群干岔沟组的含炭绢云母石英片岩，该类岩石为可软化、易风化的软质岩，厚度较大。坡面岩层倾向 225°~230°，倾角 45~50°，主要发育三组节理，将岩石切割成块状，其中顺坡向节理较为发育，受重力卸载作用，该组节理多张开形成裂缝。

该段坡体宽约 330m，整体高度约 300m，路基上边坡高度近 160m，下边坡高度约 140m。目前工程地质特征表现为 K1393+310~+440 段坡体变形及 K1393+440~+560 段坡体崩塌破坏。

K1393+310~+440 段坡体上边坡变形加剧，后缘产生弧形裂缝，边缘延伸至路基坡脚，后缘下错 20~30cm，坡体中部岩体挤压变形，且变形持续发展，处于不稳定状态。路基产生纵、横弧形裂隙，路基外侧路肩受挤压产生墙体开裂及路肩墙基础外侧产生纵向裂隙。

K1393+440~+560 段崩塌体后缘监测数据日增位移小于 1mm，且处于界线上下波动状态，阶段性检测资料判定该段坡体目前变形趋于稳定。

K1393+560~+600 段阶段性检测资料显示日增位移约 1mm，且处于界线上下波动状态，判定该段坡体目前变形趋于稳定。

12.1.5.2　其他周边环境条件

（1）爆区东侧临近高压输电线路，距离约 200m、高差约 100m。

（2）K1393+350~+600 段南侧下方为黑河水库（如图 12.2 所示），黑河水库是西安市民重要的饮用水源地，距离约 250m，高差 80~120m。

12.2　现场监测

12.2.1　边坡位移监测

12.2.1.1　测点布置

现场上边坡布置 2 个测点如图 12.4 所示北斗 1 号、2 号。

12.2.1.2　监测数据

经现场监测，1 号测点水平变化量已超过 1m，竖直变化量 0.965m，变化速

图 12.4　现场边坡位移监测测点布置

度也较快，此部分为以浅层变形为主；2 号测点水平累积位移 33.2cm，竖直累积变化量 15.8cm，该处裂缝贯彻较深，属大面积崩塌体，并附近衍生出新的裂缝，危害性较大。

12.2.2　边坡裂缝监测

12.2.2.1　测点布置

现场上边坡布置 3 个测点如图 12.5 所示测点 1、2、3。

图 12.5　现场裂隙监测测点布置

12.2.2.2　监测数据

测点 2、测点 3 数据持续增大，与北斗监测数据吻合，维持匀速持续变化。

12.2.3　路基塌陷（倾斜）监测

12.2.3.1　测点布置

路基倾斜监测共布置 4 个测点，分别布置在里程 K1393+350、K1393+410、K1393+525、K1393+560，其中 K1393+410 处测点，因中途施工原因，路肩拆除，与施工方沟通后将该点拆除，如图 12.6 所示。

图 12.6　路基塌陷监测设备（固定式测斜仪）

12.2.3.2　监测数据

检测结果如表 12.1、图 12.7 所示。

表 12.1　路基倾斜数据统计分析　　mm

测点编号	倾斜角度	里程桩号	对应折线图形编号
应急测点 1	1.13	K1393+350	GD05
应急测点 2	0.14	K1393+410	GD02
应急测点 3	−0.2	K1393+525	GD01
应急测点 4	0.18	K1393+560	GD03

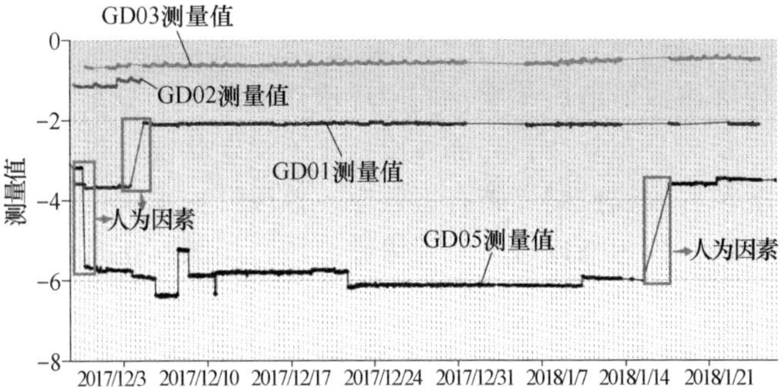

图 12.7 路基监测数据变化趋势图

图中，期间测点 1、5 数据突变大，控制施工振动后数据保持平稳。

12.2.4 监测数据分析

临近崩塌区域西侧（G108 佛坪方向，北斗 2 号测点）K1393+310～+440 段坡体上边坡经过崩塌卸载依然保持一定速率的位移变形，后缘产生弧形裂缝，坡体中部岩体挤压变形，变形持续发展，且附近衍生出新的裂缝，处于不稳定状态。边缘延伸至路基坡脚，路基产生纵、横弧形裂隙，路基外侧路肩受挤压产生墙体开裂及路肩墙基础外侧产生纵向裂隙。

该段路基边坡爆破施工采取严格降震措施：

（1）控制爆破震动扰动次生裂隙；

（2）控制爆破震动扰动原有裂隙张开、延伸；

12.3 爆破设计方案

12.3.1 爆破安全目标

崩塌坡面岩体呈现软弱、强风化、节理发育和复杂裂隙且爆破现场 200m 以内有高压输电线路和黑河水库等，在实施爆破中必须采用微震控制爆破方法，控制爆破飞石和振动。

为达到安全高效的爆破目的，爆破控制方面实施定量设计和实时爆破监控，施工方面要求精细施工，进行炸药能量释放与介质破碎移动、堆积过程的精密控制。

爆破有害效应控制目标为：

（1）杜绝飞石。

（2）微震爆破。

12.3.2　开挖方案

该爆破工程区域地形地貌多变，周围环境作业条件十分复杂，全坡段岩体节理发育，裂隙、断裂分布复杂，局部坡段处于不稳定状况。爆破施工要求高，为了保证施工进度和有效地控制爆破有害效应，该段开挖拟采用深孔松动控制爆破相结合的施工方法，分为临近边坡预裂爆破、缓冲爆破、正常松动爆破三个部分考虑。

本段路基边坡设计最大开挖高差约 89.39m，分 9 层开挖，每层台阶高度为 9.39~10m，台阶坡面 1∶1~1∶0.75。开挖按照自上而下、先浅后深的原则，如图 12.8 和表 12.2 所示。

根据路基边坡设计和现场爆破条件采取：

台阶高度 $H=10$m；

钻孔直径 $D=70$mm；

钻孔倾角 α 为 90°；

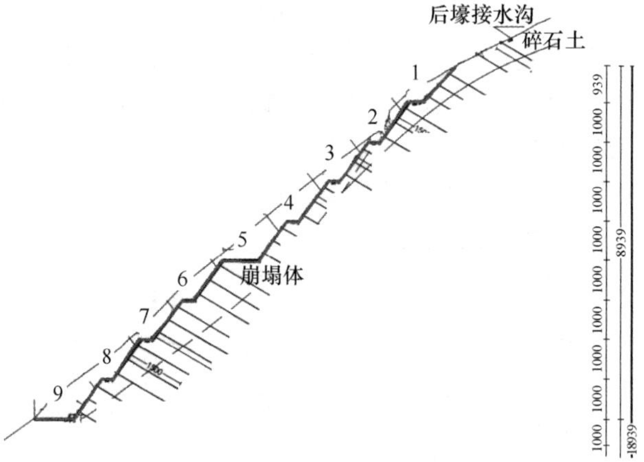

图 12.8　路基边坡开挖示意图

表 12.2　路堑设计结构参数

台阶序号	标高	平台宽/m	台阶坡面角	台阶高/m
1		6.0	1∶1	9.39
2		6.0	1∶0.75	10.0
3		6.0	1∶0.75	10.0
4		6.0	1∶0.75	10.0
5		9.0	1∶0.75	10.0
6		6.0	1∶0.75	10.0

续表 12.2

台阶序号	标高	平台宽/m	台阶坡面角	台阶高/m
7		6.0	1∶0.75	10.0
8		6.0	1∶0.75	10.0
9		10.0	1∶0.75	10.0

12.3.3 孔网参数

12.3.3.1 主爆孔距离保留区域的最小距离限定

爆破孔网参数及装药参数确定中需要满足的控制条件为各类炮孔的设计均不能对保留岩体产生损伤。根据确定的爆破损伤质点峰值震动速度经验判据和预测的保留岩体中质点峰值震动速度可以检验设计的爆破孔网参数和装药结构的合理性，即保证计算得到的质点峰值震动速度小于经验判据。

经过模拟计算，最近一排主爆孔距离保留区域的距离最小要求数值如表 12.3 所示。

表 12.3 最近一排主爆孔距离保留区域的距离最小要求

岩石类型	炮孔类型	钻孔直径 d/mm	装药直径	离轮廓的最小距离/m
微风化岩	主爆孔	70	耦合	2.46
		70	不耦合	1.08
	缓冲孔	70	不耦合	0.66

12.3.3.2 主爆炮孔参数设计

A 布孔设计

根据前文所述孔网参数设计原则和方法，对本爆破区域主爆布孔进行设计和检验，具体如图 12.9 和图 12.10 所示。

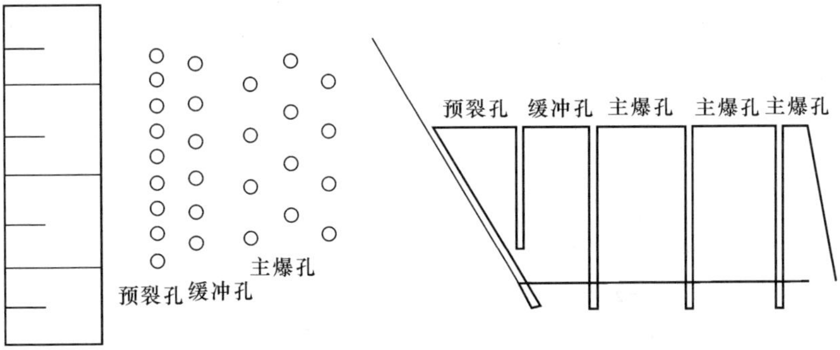

图 12.9 整体布孔设计示意

施工时根据山体条件及钻孔设备状况确定，本方案设计采用梅花形布孔方式，以提高破碎程度，孔间距（m）×排间距（m）= 3m×2m，如图 12.10 所示。

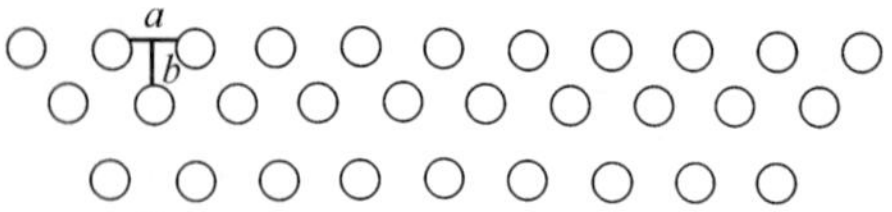

图 12.10　布孔示意图

B　装药量计算

炮孔打好后，吹孔并清除炮孔周围的杂物，装药前必须进行炮孔的检查验收，尤其要严格检控炮孔的深度以及底盘抵抗线（W_d）的方向及大小的变化，由此确定每孔的实际装药量。

药量计算和装药结构亦根据质点峰值震动速度判据进行设计计算和检验，设计结果如表 12.4 所示。

表 12.4　深孔爆破参数

项　目	参考值
台阶高度/m	10
孔深/m	11.5
孔径/mm	70
钻孔倾角/(°)	90
最小抵抗线/m	2
孔距/m	3
排距/m	2
堵塞长度/m	≥2.0
炸药单耗/kg · m^{-3}	0.5
单孔药量/kg	25

深孔爆破参数可按表 12.4 选取，作业时也要根据现场实际情况进行调整，使爆破参数更趋合理。

12.3.3.3　预裂炮孔参数设计

A　孔径

一般钻孔直径是根据工程性质及对质量要求，并结合现有的设备条件选择。小直径钻孔对周围岩石破坏范围小，预裂面形状也容易控制。由于所需专用设备缺少，本方案采用 70mm 预裂孔孔径。这样不但管理维护方便，而且经济上也是合算的。

B 线装药密度

根据岩石极限抗压强度和炮孔间距计算线装药密度。

一般预裂爆破都采用不耦合的装药结构，在深孔爆破中取不耦合系数为 2~4 的条件下，计算可采用以下经验公式：

$$Q_L = 0.042a^{0.5}\sigma_c^{0.6}$$

式中 a——炮孔间距，cm；

σ_c——岩石极限抗压强度，MPa。

C 孔距

根据钻孔直径 d 和不耦合系数 K_c 确定钻孔间距是马鞍山矿山研究院实践总结出的。计算公式如下：

$$a = 19.4d(K_c - 1)^{-0.523}$$

本方案爆破参数如表 12.5 所示，取孔间距 1.0m，每米装药量 250g/m。布孔见图 12.9。

表 12.5 预裂爆破参数

岩石性质	炮孔直径/mm	孔间距/m	单位长度装药量/g · m^{-1}
强风化岩	70	0.6~1.0	150~250
中风化岩	70	0.5~0.9	250~300

12.3.3.4 缓冲爆破参数设计

在缓冲爆破的后排孔的装药量会比普通的炮孔的装药量要少，它的钻孔时的布孔也相应地较小。缓冲孔通常与它们前面生产的炮孔直径相同。装药量的质量通常会减少大约 45%，抵抗线和孔距会减少大约 25%。

缓冲孔孔间距（m）×排间距（m）= 2m×1.5m。单孔装药量 15kg。布孔见图 12.10。

12.3.4 装药结构

12.3.4.1 主爆炮孔

主爆炮孔采用连续装药结构，水孔采用乳化炸药，无水孔采用粉装铵油炸药，每孔装 2 个起爆药包，如图 12.11 所示。

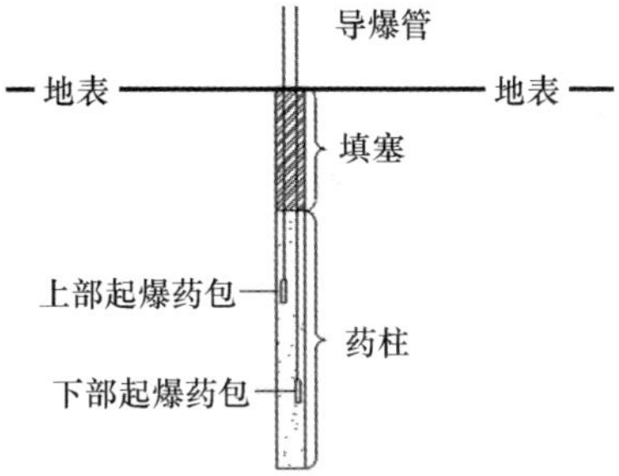

图 12.11 连续装药结构示意图

12.3.4.2 预裂炮孔

预裂炮孔采取不耦合装药，装药结构采取

连续装药，根据预裂爆破的理论可知，在装药密度确定之后，炸药沿预裂孔分布愈均匀愈好，所以连续装药是一种比较理想的预裂装药方式。根据不耦合原理，药包应尽可能放在孔的中间。普通的方法采用药串绑在竹片上的办法，避免药包与孔壁接触（如图 12.12 所示）。

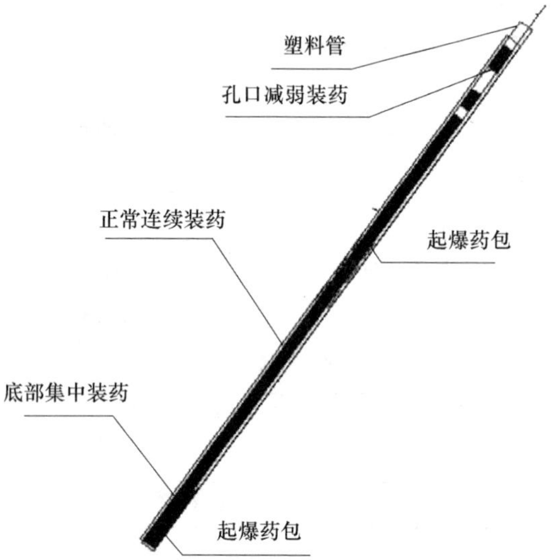

图 12.12　不耦合装药结构示意图

12.3.4.3　缓冲炮孔

缓冲炮孔采取分段装药，炮孔底部集中装药（总药量的 2/3），岩渣或炮泥间隔 2m，分段装药（总药量的 1/3）（如图 12.13 所示）。

12.3.5　起爆方法和起爆器材选择

12.3.5.1　逐孔起爆方法

设计采取孔间延期范围 15~24ms，排间延期范围 30~60ms，孔内延期范围 240~400ms。

12.3.5.2　起爆器材

设计采取电子雷管起爆系统，电子雷管主要性能和性能见表 12.6。

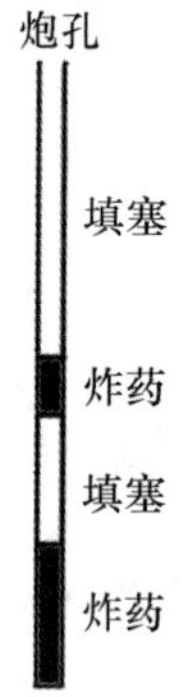

图 12.13　分段装药结构示意图

表 12.6 隆芯 1 号电子雷管主要功能和性能

延时范围/ms	延期时间设置方式	最小延期间隔/ms	延期精度
0～16000	孔内延期时间现场设置	1	0～100ms，0.5ms； 101～16000ms，0.5%
使用环境温度/℃	起爆密码	抗直流电	起爆网络检测
-40～75	三重	DC50V	全功能现场检测

12.3.5.3 起爆网路

爆破施工现场周边条件复杂，为了降低爆破施工对周边扰动，设计采用电子数码雷管逐孔起爆系统。预裂爆破部分提前 200ms 引爆。电子数码雷管逐孔起爆系统如图 12.14 所示。

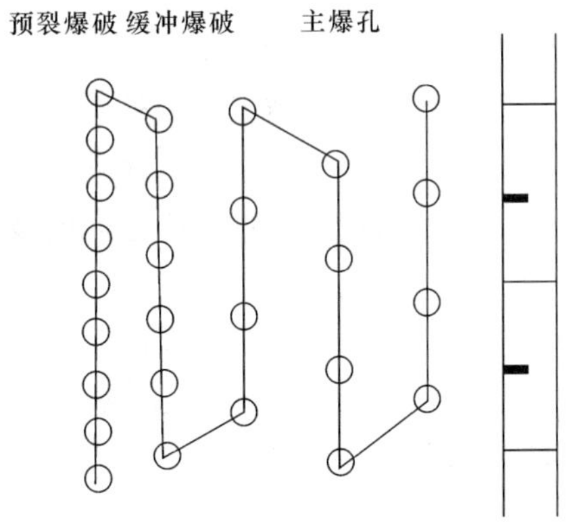

图 12.14 电子数码雷管逐孔起爆系统示意图

12.3.5.4 起爆药包

改性铵油炸药起爆药采用包装规格 ϕ30mm×200g 乳化炸药药卷。

12.3.6 安全技术

12.3.6.1 爆破飞散物

经计算，本方案可能最大飞石距离 67.5m，符合爆破施工区域安全技术要求。

12.3.6.2 爆破振动

考虑 G108K1393+310～+440 段坡体坡脚距离不稳定上边坡 160m 左右高程差的震动放大作用，本次设计限定爆破振动速度不大于 1.0cm/s。经计算本次爆破方案最大质点震动速度 $v=0.16$cm/s，$Q_{max}=25$kg，均满足要求。

12.3.6.3 空气冲击波

因附近施工，方案需要进行爆破空气冲击波控制。

经过计算，本方案安全距离 $R_a=73.1$m，满足临近防护施工安全要求。

计算得 $\Delta p=0.017\times10^5$Pa，小于 0.02×10^5Pa，符合《爆破安全规程》（GB 6722—2014）的相关要求。

13 研究结论

目前，国内各地爆破设计施工规范不统一，难以进行工程现场技术交流，研究成果也很难推广应用到其他工程施工中。因此，研究复杂环境条件路堑爆破施工关键技术及其实践应用，具有重要的理论意义和实用价值。

本书前7章总结了国内外对爆炸力学、岩石动力学、工程力学和工程爆破技术理论研究成果，并结合具体工程施工现场分析和实验，提出了复杂环境条件路堑爆破设计和施工原则，应遵循的技术思路和方法体系。理论篇可得出以下研究结论。

（1）在现场实践的基础上，参考国内外有关文献资料，把不同复杂环境条件对路堑爆破施工影响简化分类为一类问题，即以爆破影响区域范围对爆破方案设计、施工进行分级问题。基于爆破建（构）筑物损伤的爆破性分级，可以针对不同危害等级的周边环境条件分别进行定量性爆破方案设计和专项施工安全技术。

（2）研究了砌体房屋的爆破震动破坏机理、模型及动力特性，得出基于振动频率、振动速度、振动作用时间三个因素的定量化爆破设计技术路线，即复杂环境条件路堑爆破施工方案中的爆破参数、安全技术的计算和选择，这些都是根据现场检测到的振动频率、振动速度、振动作用时间经分析研究后得到的。主要研究结论包括：

1）现场实践表明，施工现场检测到的振动频率、振动速度、振动作用时间受到爆破起爆网络微差间隔次数、微差时间总时程定量化设计控制。

2）模拟计算结果表明，爆炸单响药量、孔网参数和装药结构决定了爆破有害效应的安全距离。

3）经现场施工统计，预裂爆破、缓冲爆破和逐孔起爆技术是实现复杂环境条件路堑爆破施工安全、高效的技术保障。

（3）可利用现场测试和探测方法进行爆破地震波、爆炸应力波、超声波和雷达电磁波的传播规律，系统分析、综合研究结论，可得到：

1）根据爆破区域岩体结构完整性，限定爆破损伤带。

2）根据地表位移、速度和加速度大小，划分不同等级的爆破影响区域，如爆破危险区域、爆破敏感区域和爆破保留区域的划分。

（4）提出了复杂环境条件路堑爆破设计、施工方案的设计原则；提出了复杂环境条件路堑爆破实施应遵循的技术思路和方法体系；提出了复杂环境条件路堑爆破安全技术和无损评估的控制标准。

本书第10章结合G316公路改建工程工程实践，以爆破振动监测验证为主，地质素描分析和爆炸应力波测试为辅，结合爆破斗试验，总结并提出了近距离、大高差（爆区距加油站水平距离小于7m，垂直距离大于30m）的“多区域、多分层、多方法”的邻近建（构）筑物单壁路堑爆破开挖施工方法，实现了安全和高效的施工目标。

本书第11章结合商—合—杭高速铁路新建工程的施工，分析隧道明挖全路堑爆破施工对近区文物古迹（爆区距大力寺水平距离小于20m，垂直距离大于30m）、临近合福铁路、下穿水库等条件的影响，进一步证明的技术思路和方法体系的正确性。避免了因复杂环境条件引起的爆破工程事故的发生，保障了施工安全和进度，取得了一定的经济和社会效益。

本书第12章结合G108崩塌、滑坡治理段施工，分析软弱、强风化、节理发育和复杂裂隙岩体，坡面崩塌和裂缝持续发展中的路堑控制爆破设计、施工技术路线和方法，重构路堑，避免路基边坡崩塌范围的扩大，为类似地质灾害路堑爆破施工提供有益设计施工路线和研究思路。

由于实际情况的复杂性和施工等因素的不确定性，以及现场测试、试验条件等的限制，加之作者们自身学识的局限等，本书的研究有许多不完善之处，在今后的工作中将进一步对本书提出的无损判别标准、复杂环境条件路堑爆破设计和施工原则以及施工方法、安全技术等，进行验证、改进和不断完善。

参 考 文 献

[1] 朱礼臣. 复杂环境条件下的路堑开挖爆破 [J]. 工程爆破, 2002, 8 (2): 41, 45~47.

[2] 唐海, 易帅, 林大能. 复杂环境下铁路路堑爆破开挖安全技术研究 [J]. 工程爆破, 2019, 25 (1): 24~31.

[3] 黄昌富. 复杂环境下铁路路堑控制爆破开挖技术 [J]. 中国矿业, 2006, 15 (7): 71~73.

[4] 张志毅, 杨年华, 卢文波, 等. 中国爆破振动控制技术的新进展 [C] //中国力学学会工程爆破专业委员会 2013 年年会论文集, 2013.

[5] 许海亮, 张继春, 郭建群. 钻孔爆破中质点振动速度的预测公式探讨 [J]. 爆破, 2003, 20 (3): 75~78.

[6] 蒋楠, 周传波, 平雯, 等. 岩质边坡爆破振动速度高程效应 [J]. 中南大学学报 (自然科学版), 2014, 45 (1): 237~243.

[7] 张袁娟, 黄金香, 袁红. 缓冲爆破减震效应研究 [J]. 岩石力学与工程学报, 2011, 30 (5): 967~973.

[8] 翁春林, 张义平. 爆破振动及其控制技术的研究 [J]. 有色金属设计, 2009, 36 (2): 5~8.

[9] 阳生权, 廖先葵, 刘宝深. 爆破地震安全判据的缺陷与改进 [J]. 爆炸与冲击, 2001, 21 (3): 223~228.

[10] 毛晖. 建筑物爆破振动的安全控制技术研究 [D]. 长沙: 中南大学, 2008.

[11] 余永强, 杨小林, 王伟. 矿山爆破开采对周围建筑物的影响 [J]. 金属矿山, 2004, 340 (10): 70~71.

[12] 戈鹤川, 杨年华. 爆破振动测试技术及安全评价问题探讨 [C] //第六届全国工程爆破学术会议. 铁道工程爆破文集 [C]. 北京: 中国铁道出版社, 2000.

[13] 曹建良. 建筑结构对爆破振动响应的研究 [D]. 重庆: 重庆大学, 2008.

[14] 史秀志, 周健, 杜坤, 等. 爆破振动对民房破坏效应预测的 BDA 模型及应用 [J]. 振动与冲击, 2009, 29 (7): 60~65.

[15] 言志信, 言涅, 江平, 等. 爆破振动峰值速度预报方法探讨 [J]. 振动与冲击, 2010, 29 (5): 179~182.

[16] 林秀英, 张志呈. 爆破地震波的频谱分析 [J]. 中国矿业, 2000 (6): 77~80.

[17] 练友红, 王先义, 何刚, 等. 爆破振动信号的频谱分析 [J]. 矿业安全与环保, 2004 (1): 49~52.

[18] 徐植信, 胡再龙, 结构地震反应分析 [M]. 北京: 高等教育出版社, 1993.

[19] 龚思礼. 建筑抗震设计 [M]. 北京: 中国建筑工业出版社, 1994.

[20] 李利群. 混凝土小型空心砌块约束砌体抗震性能的试验研究 [D]. 哈尔滨: 哈尔滨工业大学, 2001.

[21] 娄建武. 普通民房爆破振动破坏分析 [J]. 爆破, 2000, 17 (4): 8~13.

[22] 中华人民共和国建设部. GB 50003—2001 砌体结构设计规范 [S]. 北京: 中国建筑工业出版社, 2001: 24~26.

[23] 赵明阶，许蓉．岩石损伤特性与强度的超声波速研究［J］．岩土工程学报，2000，22（2）：720~722.

[24] 中国工程爆破协会，等．爆破安全规程 GB 6722—2014［S］．北京：中国标准出版社，2014.

[25] 赵明阶，等．岩石声学特性研究现状及展望［J］．重庆交通学院学报，2000，19（2）：79~85.

[26] 李亚林．孔（裂）隙介质波场特征的超声实验及应用研究［D］．成都：成都理工学院，1999.

[27] 贾光辉，等．爆炸过程中的应力波［J］．爆破器材，2001，31（1）：1~4.

[28] 陈先锋，王玉杰．不同装药结构对孔壁压力影响的分析［J］．工程爆破，2003，9（2）：16~18.

[29] 肖绍清，等．炮孔复合装药结构的功能和设计要求［J］．工程爆破，2003，9（2）：12~15.

[30] 宗琦．爆炸应力波作用造成的岩石破裂区［C］//第四届全国岩石动力学学术会议论文集，1994：71~74.

[31] 马建军．爆破应力波中远区破岩作用分析［J］．武汉科技大学学报（自然科学版），2005，28（2）：182~185.

[32] 杨桂桐．岩体中爆破震动波的传播特征［C］//第三届全国岩石动力学学术会议，1992：125~128.

[33] 张继春，彭琼芳．岩体爆破地震波衰减规律的现场试验与分析［J］．辽宁工程技术大学学报（自然科学版），2001，20（4）：399~401.

[34] 汉承，于卫等．岩石爆破中瞬态应变测试［C］//中国力学学会工程爆破专业委员会．工程爆破文集（第四辑）．北京，冶金工业出版社，1993.

[35] 张正宇，等．水利水电精细爆破概论［M］．北京：中国水利水电出版社，2009.